KEIN INHALT OHNE FORM!

Vorwort

„Papa, was machen wir, wenn's morgen regnet?" oder „Mama, ich will aber heut' nicht an den Strand!" – leidgeprüfte Eltern und Großeltern können ein Lied von solchen und ähnlichen Urlaubsproblemen ihrer Sprösslinge singen.

Dabei liegen die Kleinen völlig im Trend, denn der reine Badeaufenthalt wird immer mehr vom Wunsch nach einem Aktivurlaub ergänzt. Und gerade Rügen liefert dafür die besten Voraussetzungen. Für jedes Wetter und jede Jahreszeit bietet Deutschlands größte Insel die Möglichkeit, dass Eltern und Kinder gemeinsam spannende Ausflugsziele entdecken und eine großartige Natur genießen können. Beliebte Highlights, aber auch noch eher unbekannte Geheimtipps warten hier wie auch auf Hiddensee und in Stralsund auf Ihre Erkundung – wobei Ihnen dieses Buch treffliche Hinweise geben soll.

Alle vorgestellten Museen, Spielmöglichkeiten und Ausflüge haben wir natürlich selbst getestet. Konkrete Angaben zu Eintrittspreisen, Öffnungszeiten und Nebenkosten sollen Ihnen helfen, den Ausflug schon im Vorfeld gut zu planen. Dabei ist aber zu beachten, dass manche Einrichtungen kurzfristig Änderungen vornehmen.

Birgit Vitense, Kirsten Schielke & Harald Larisch

Wir hoffen, dass Ihnen dieser Erlebnisführer Anregungen und Tipps für aufregende Tage auf Rügen, Hiddensee und in Stralsund geben kann. Alle Ausflugsziele wurden von uns sehr sorgsam recherchiert. Trotzdem ist natürlich nicht auszuschließen, dass sich Fehler eingeschlichen oder aktuelle Änderungen ergeben haben. In diesem Fall bitten wir Sie herzlich, uns nicht gram zu sein, sondern zum Stift oder in die Computertasten zu greifen, um uns darauf aufmerksam zu machen (Hinstorff Verlag GmbH, Postfach 10 10 11, 18001 Rostock; thomas.gallien@hinstorff.de). So haben wir die Chance, die nächste Ausgabe mit Ihrer Hilfe noch besser zu gestalten. Dafür bedanken wir uns schon im Voraus.

Stralsund und Südwest-Rügen

Stralsund
Meeresmuseum

Familienurlaub MV
Geprüfte Qualität

Katharinenberg 14–20
18439 Stralsund
Telefon 03831 / 2650210

www.deutsches-meeresmuseum.de

Ab 4 Jahre

Öffnungszeiten
April bis Oktober
täglich 10 bis 17 Uhr
November bis März
Di bis So 10 bis 17 Uhr
31. Dezember
10 bis 15 Uhr
24. Dezember geschlossen

Eintrittspreise
Erwachsene 10 €
Kinder (ab 4 – 16 J.) 5 €
Kinder in Familie
(1 € Rabatt) 4 €

Kombiticket mit Ozeaneum
und/oder Nautineum
(1 Jahr gültig)
Erwachsene 23 €
Kinder 12 €

Aufenthaltsdauer
mind. 2 Stunden

Parken kostenpflichtig
Tiefgarage Am Meeresmuseum

Souvenirshop

SB-Restaurant

Toilette

Wickelmöglichkeit

Für Kinderwagen geeignet

Im ehemaligen Dominikanerkloster St. Katharinen mitten in der Altstadt von Stralsund befindet sich das erlebnisreiche Naturkundemuseum.
Der frühgotische Bau bietet den Rahmen für die meereskundliche Ausstellung. Aquarien mit Fischen, Muscheln, Seeanemonen und vieles mehr zeigen eindrucksvoll Ausschnitte aus dem Lebensraum Salzwasser. Ein über 23 kg schwerer Salzbrocken in einer Glasvitrine macht deutlich, wie viel Salz in einem Kubikmeter Wasser steckt.
Das Skelett eines 15 m langen Finnwales, präparierte Pinguine, Eisbären, Seevögel, Krabben und Krebse sind hier zu sehen. Ebenso wird auf die Geschichte der

ICH KANN TAUCHEN!

Fischerei von alten Booten bis zu den ersten schwimmenden Fischfabriken eingegangen.

Ein weiterer Höhepunkt ist sicher das Schildkrötenbecken, hinter dessen dicken Glaswänden man die gepanzerten Tiere fast hautnah erleben kann.

Mit Hilfe einer Quizrallye oder Sprachführern kann jeder auf seine Weise die Ausstellung entdecken. Führungen für jede Altersstufe, vom Vorschulkind bis zum jungen Erwachsenen, sind nach Anmeldung buchbar, auch als Geburtstagsevent.

Schließfächer

Hundepension für Hunde, die nicht in einer Tragetasche mitgeführt werden können

ICH KANN RÜCKWÄRTS GEHEN!

Familienurlaub MV
Geprüfte Qualität

Ozeaneum Stralsund
Hafenstrasse 11
18439 Stralsund
Telefon 03831/2650610

www.deutsches-meeresmuseum.de

Ab 5 Jahre

Öffnungszeiten
Oktober bis Mai
täglich 9.30 bis 18 Uhr
Juni bis September
täglich 9.30 bis 20 Uhr
24. Dezember geschlossen
31. Dezember
10 bis 15 Uhr

Eintrittspreise
Erwachsene 17 €
Kinder (ab 4 bis 16 J.) 8 €
Kinder in Familie
(1 € Rabatt) 7 €

Kombitiket
mit Meeresmuseum und/oder
Nautineum (1 Jahr gültig)
Erwachsene 23 €
Kinder 12 €

Aufenthaltsdauer
mind. 2 Stunden

Parken kostenpflichtig
Parkhaus „Am Ozeaneum"

Souvenirshop

Gastronomie „Pausch"

Toiletten

Wickelmöglichkeiten &
Parkplätze für Kinderwagen

Bauchtragen und Buggies
zum Ausleihen

D as Ozeaneum auf der Stralsunder Hafeninsel
hält hinter seiner geschwungenen Fassade ganz
besondere Begegnungen parat, wie man sie
nirgends auf der Welt so zu sehen bekommt. Hier können die Besucher in die kühlen Fluten der nördlichen
Meere steigen, ohne nass zu werden. Mit Staunen
werden alle vor der 10 m breiten Scheibe des riesigen
Schwarmfischbeckens stehen. Es fasst 2,6 Millionen
Liter Wasser und ist das größte Becken im Ozeaneum.
In vier Gebäuden mit fünf thematisch gegliederten
Ausstellungen und zwei Aquarienrundgängen erfahren
die Besucher wichtige Zusammenhänge über die
Weltmeere und über die Ostsee. Diese Unterwasserreise
mit rund 45 teils riesigen Aquarien ist auch darum
ein besonderes Erlebnis, weil die Jüngsten eine eigene
Ausstellung „Meer für Kinder" erleben können.
Dabei erkunden sie, wie aus Larven richtige Wasser-
tiere werden, sie belauschen die Bewohner des Meeres
und „schwimmen" mit diesen um die Wette oder

SIND BLAUWALE
BETRUNKENE TIERE?

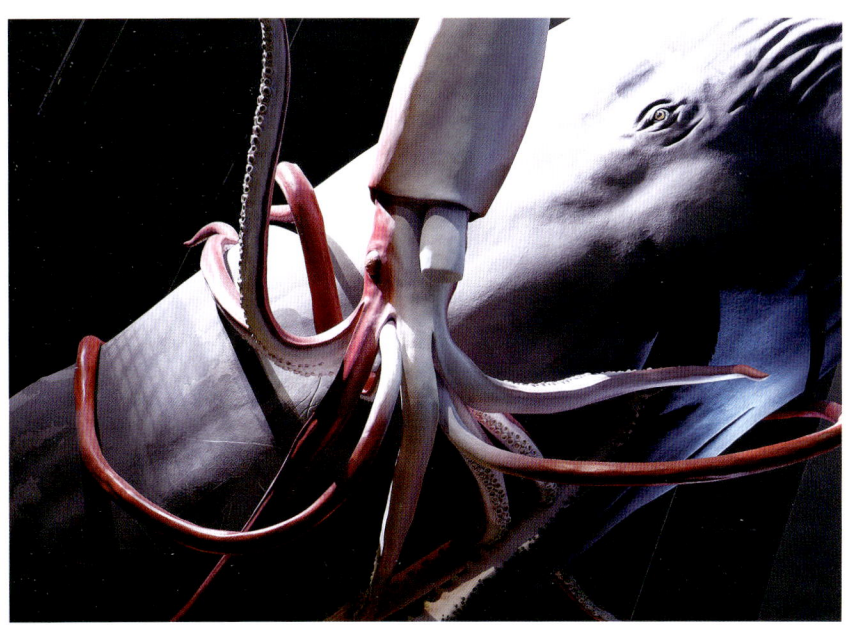

streifen durch eine überdimensionale Seegraswiese. Am
Ende bestaunen alle zusammen die Riesen der Meere:
einen 26 m langen Blauwal, ein 16 m langes Buckel-
walweibchen mit ihrem Jungen oder einen 15 m langen
Pottwal im Kampf mit einem Riesenkalmar.

Besonders beliebt ist der Pinguin-Felsen auf der Dach-
terrasse. Jeden Tag um 11.30 Uhr findet eine öffent-
liche Fütterung der dort lebenden Humboldt-Pinguine
und ihres possierlichen Nachwuchses statt.

Die Dauer-Ausstellung „Erforschung und Nutzung der
Meere" ist längst nicht so technisch, wie sie klingt. Hier
dürfen Taucherhelme ausprobiert und kann spielerisch
nachhaltig gefischt werden.

Als besondere Auszeichnung darf sich das Ozeaneum
übrigens mit dem Titel „Europas Museum des Jahres
2010" schmücken.

SIND
KUGELFISCHE
DURCHLÖCHERT?

Zum Kleinen Dänholm
18439 Stralsund
Telefon 03831/288010

www.deutsches-meeresmuseum.de

Ab 7 Jahre

Aktuelle Öffnungszeiten und
Eintrittspreise im Internet

Souvenirshop

Aufenthaltsdauer
1 bis 1 ½ Stunden

Parken kostenlos vor dem
Nautineum

Toilette, Behinderten-WC

Wickelraum

Für Kinderwagen geeignet

Dieser Standort des Deutschen Meeresmuseums Stralsund beherbergt all das, was von der Reuse bis zur Betonnung zur Seefahrt gehört. Die Freifläche befindet sich auf dem Dänholm, einer Insel im Strelasund, die ehemals als Militärgelände der Nationalen Volksarmee genutzt wurde.

Auf einem mindestens einstündigen Rundgang kann man Walgesängen lauschen und die Entwicklung der Meeresforschung nachvollziehen. An der Wasserkante steht das Unterwasserlabor Helgoland. Dieses diente einst als Basis für Tauchgänge, wurde 1968 in Lübeck gebaut und war in Nord- und Ostsee sowie an der Ostküste der USA im Einsatz. Wer in das 86 Tonnen schwere Gerät hineinklettert, erspürt die besondere Atmosphäre heute noch.

Eine andere Abteilung widmet sich den Zeesenbooten, altes Fischfanggerät wurde aufgebaut, Modernes und Historisches in einen wunderbaren Disput gebracht.

Auch an Pausen für die Gäste ist gedacht. Überdachte Picknickplätze und ein Abenteuerspielplatz am Ende des Rundgangs laden zum Verweilen oder Herumtollen ein.

EINE FANGQUOTE IST GUT, EINE ESSQUOTE WÄRE NOCH BESSER!

ICH FÜHLE MICH ERFISCHT!

Die bei Blohm & Voss 1933 gebaute Dreimast-bark liegt seit Herbst 2003 in Stralsund an der Kette. Bis zum Ende des 2. Weltkrieges segelte sie unter dem Kommando der deutschen Wehrmacht. Im Strelasund versenkt, wurde der Segler 1947 geborgen und war bis in die 90er-Jahre unter sowjetischer Flagge als Segelschulschiff auf den Weltmeeren unterwegs. Mit dem knapper werdenden Geld konnten allerdings dringend benötigte Reparaturen nicht mehr

Stadthafen Stralsund
An der Fährbrücke
18439 Stralsund
Telefon 03831/666520

www.gorchfock1.de

Ab 4 Jahre

Öffnungszeiten
April bis Oktober 10 bis 18 Uhr
November bis März 10 bis 16 Uhr

Eintrittspreise
Erwachsene 4,90 €
Schüler (ab 6 J.) 2,50 €

Familienkarte 11,50 €
(2 Kinder ab 6 J.)

Aufenthaltsdauer 1 Stunde

ausgeführt werden. Über den Verein Tall-Ship Friends gelangte die Bark schließlich auf Umwegen an den Strelasund. Wer die Seefahrt liebt, kommt hier auf seine Kosten. Die Ausrüstung des Seglers ist teilweise noch original.

Mutige dürfen sich einer besonderen Bewährungsprobe unterziehen – vorausgesetzt, man ist höhentauglich und passt in den Sicherheitsgurt. Dann geht es in die Wanten, das heißt in die Seile, die die Masten spannen. Das verwegene Klettern kostet 15 €, wird dafür aber mit einem Rigg-Zertifikat belohnt.

Viele finden auch das Segel-Setzen oder die Rallye spannend. Dabei gilt es, das Schiff besonders aufmerksam zu erkunden, um alle gestellten Fragen beantworten zu können. Am Ende gibt's dann an der Kasse einen kleinen Preis.

SEGLER BRAUCHEN SEGEL-OHREN!

Kulturhistorisches Museum
der Hansestadt Stralsund
Mönchstraße 25 – 27
18439 Stralsund
Telefon 03831/28790

www.stralsund.de

Im Speicher
Böttcherstraße 23
18439 Stralsund

Marinemuseum
Sternschanze/Dänholm
18439 Stralsund
Telefon 03831/297328

Ab 4 Jahre

Öffnungszeiten
Di bis So 10 bis 17 Uhr
Februar bis November auch Mo

Marinemuseum von
November bis April geschlossen

Eintrittspreise
Erwachsene 6 €
Kinder (ab 6 J.) 3 €
Familienkarte 14 €

Familienkarte für 3 Häuser
(gültig 2 Tage) 18 €

Aufenthaltsdauer
1 bis 2 Stunden

Parken kostenpflichtig
Tiefgarage Am Meeresmuseum
oder Neuer Markt

Museumsshop in der Mönchstraße

Toilette

Wickelmöglichkeit

Für Kinderwagen geeignet:
zum Teil aber mit Treppen

D as Kulturhistorische Museum ist das älteste Museum in Mecklenburg-Vorpommern. Insgesamt gibt es vier Standorte in der Stadt: im Katharinenkloster, im Speicher in der Böttcherstraße, im Krämerhaus Mönchstraße 38 und in der Sternschanze auf dem Dänholm.

Den größten Raum im Kloster nehmen Funde zur Ur- und Frühgeschichte sowie zur Stadtgeschichte ein. Eines der Highlights ist der sogenannte Hiddenseer Goldschmuck, desgleichen eine Waffensammlung mit Schwertern und riesigen Wallbüchsen. In den Ferien werden regelmäßig Führungen für Kinder angeboten. Im Speicher lockt eine Spielzeugsammlung die jüngsten Besucher mit Puppen, Puppenhäusern, Baukästen, einem Bauernhof und Eisenbahnen.

Besonders beliebt sind ein Schaukelhahn und Holzpuzzle zum Benutzen. Außerdem vermittelt die Volkskundeausstellung sehr anschaulich, wie dörfliches Leben vor 200 Jahren funktionierte – dass mehrere Kinder zum Beispiel in nur einem Bett schlafen mussten.

Im Marinemuseum begeistern Kinder vor allem der ausgestellte Marinehubschrauber und ein Torpedoschnellboot.

ICH WILL DICH EROBERN!

WENN DU DIE RICHTIGEN MITTEL WÄHLST!

Am Rande der Altstadt befindet sich wie eine grüne Oase der Zoo. Er wurde 1958 als Tierpark gegründet, ist Heimstatt für 780 Tiere und 130 Arten. Der mit Buchen bestandene Park, der sich auf 16 Hektar ausdehnt, spricht vor allem die jüngeren Besucher an. Der wuchtige Bison, der majestätische Löwe oder die scheuen Polarwölfe sind zweifelsohne eine Attraktion. Der Tierpark sieht sich aber nicht als klassischer Zoo, sondern möchte

durch den Erhalt bedrohter Haustierrassen zu deren Schutz beitragen. Unter ihnen finden sich Pommersche Landschafe, Kaukasische Zwergzebus, Albinoesel und Wollschweine.
Kinderspielplätze, Streichelgehege, Imbissstände sowie Ruheplätze gestatten Groß und Klein ein gemeinsames Erlebnis. Für die ganz kleinen Besucher stehen am Eingang Bollerwagen gegen eine geringe Leihgebühr bereit.
Der Zoo hält ein vielfältiges Programm bereit: Lesungen in der Jurte oder im Tipi, Grillabende, Kremserfahrten, Ponyreiten sind nur einige Beispiele. Kindergeburtstage werden ausgerichtet, zu Faschings-zeiten kann man sich anmelden.

Grünhufer Boden 13 – 17
18437 Stralsund
Telefon 03831/253480

www.stralsund.de/zoo

Ab 4 Jahre

Öffnungszeiten
März bis Oktober
täglich 9 bis 18.30 Uhr
November bis Februar
täglich 10 bis 16 Uhr
24. und 31. Dezember
10 bis 14 Uhr

Eintrittspreise
Erwachsene
Sommer 7 €, Winter 5 €
Kinder (ab 3 J.)
Sommer 3 €, Winter 2 €
Familienkarte
(2 Erwachsene, 2 Kinder)
Sommer 17 €, Winter 12 €
Rentner/-innen
Sommer 6,50 €, Winter 4,50 €

Aufenthaltsdauer 2 Stunden

Parken kostenlos
gegenüber dem Zooeingang

Souvenirshop

Bistro „Zooase"

Toilette

Für Kinderwagen geeignet

ES IST EIN STREICHELZOO!

WIE BAUT MAN EINEN ZAUN?

Familienurlaub MV
Geprüfte Qualität

Grünhufer Bogen 18 – 20
18437 Stralsund
Telefon 03831/3733 – 0

www.hansedom.de

Ab Kleinkindalter

Öffnungszeiten
Fr/Sa 9.30 bis 22 Uhr
So bis Do 9.30 bis 21 Uhr

Eintrittspreise Erlebnisbad
Erwachsene
2 Stunden 12 €
4 Stunden 14 €
Tageskarte 19 €

Kinder (5 bis 15 J.)
2 Stunden 9,50 €
4 Stunden 11,50 €
Tageskarte 16,50 €

Familie (2 Erwachsene, 1 Kind)
4 Stunden 33,50 €
Tageskarte 39,50 €

Familie
(2 Erwachsene,
2 Kinder oder mehr)
4 Stunden 37,50 €
Tageskarte 44,50 €

An Wochenenden und Feiertagen
2 € Zuschlag

Aufenthaltsdauer
2 Stunden bis ganzer Tag

D er HanseDom verbindet Badespaß mit Erholung sowie sportlichen Aktivitäten aller Art unter einem Dach.
Kleine und große Wasserratten fühlen sich in der Seestserntherme besonders wohl.
Vom Babybecken über Whirlpools bis zu Turbo-, Riesenwasser- und Black-Hole-Erlebnisrutschen reicht die Bandbreite. Einmal in der Stunde branden Wellen durchs Becken, danach wird jeweils ein Wildwasser-bach mit Stromschnellen in Gang gesetzt.
Ein 25-m-Schwimmbecken und Sprungtürme bis 5 m stehen zur Verfügung.
Mit größeren Kindern kann man auch die Saunenwelt mit 10 unterschiedlichen Badehäusern und Saunen im Innen- und Außenbereich nutzen.
Unter freiem Himmel bietet der Seesternpark noch Liegeflächen, eine Mini-Quadbahn und einen großen Abenteuerspielplatz.

Auch das Sportangebot des HanseDoms ist breit
gefächert. Unter anderem gibt es einen Fitness-Club,
eine Kletterwand und die Möglichkeit zum Tennis-,
Squash- und Badmintonspielen.

Parken kostenlos

Shop: Badezubehör und Souvenirs

Imbiss „Käpt'n Nielson"

Toilette

Für Kinderwagen geeignet

Altefähr *Waldseilpark Rügen*

Klingenberg 25
18573 Altefähr
Telefon 0172 / 9400864

www.waldseilpark-ruegen.de.

Ab 1,10 m Körpergröße

Öffnungszeiten (jahreszeitlich
bedingt) und Eitrittspreise
bitte dem Internet entnehmen

Hinweise:
Letzter Einstieg 2 ½ Stunden
vor Schließung
Gruppen können Termine
frei vereinbaren
Bei unklarem Wetterverhältnissen
Mobil 0163 / 1726810

Parken kostenlos

Toilette

Für Kinderwagen geeignet

D as jüngste Rügener Kletterangebot liegt im Kurpark von Altefähr direkt am Strelasund und empfängt seit März 2009 kletterfreudige Besucher. Die Anlage besteht aus dem Top Rope Park

(Hochseilgarten) und einem Kletterwald. Letzterer ist für die Besucher ohne Voranmeldung begehbar. 2 Einweisungsparcours dienen dazu, sich mit den Sicherheitssystemen beim Klettern vertraut zu machen.

Der gelbe Bambini-Parcours ist für Kinder von 1,10 bis 1,30 m Körpergröße gedacht. Alle Größeren können sich auf den roten, grünen und orangefarbenen Parcours tummeln. Der blaue ist schon etwas anspruchsvoller und lockt mit einer 127 m langen Seilrutsche. Für den physisch anstrengendsten schwarzen Parcours mit Hängeleiter bedarf es einer extra Einweisung.

MUSS ICH DAS KÖNNEN?

NACH DARWIN SCHON!

D ieses Camp ist ausdrücklich für Kinder errichtet worden. Das ganze Übungs- und Freizeitangebot rund ums Pferd ist so aufgebaut, dass sowohl Anfänger als auch Fortgeschrittene

Rosangela und
Stefan ter Smitten
Kasselvitz Ausbau 16
18573 Rambin
Telefon 03831/297195
0172/5328728

www.reiten-ruegen.de

Ab 5 Jahre

Öffnungszeiten
10 bis 16 Uhr
in den Ferien ab 9 Uhr

Preise
Ponny führen 30 min 15 €
Einzelreitstunde 45 €
Geführte Ausritte 40 bis 80 €

1 Woche So bis Sa 320 €
(mit Übernachtung)

Parken kostenlos

Verpflegung nach Absprache

Toilette

Für Kinderwagen geeignet:
Sandwege

hier schöne Stunden, Tage oder Wochen verbringen können. Je nach Buchung gehören Mittagessen sowie Kaffee und Kuchen zur Verpflegung. Gekocht wird von den Betreibern im Haus. Eine große Reithalle – sie verfügt über eine immerhin 60 m lange Reitbahn – macht diesen Sport witterungsunabhängig. Freiflächen und Ausritte in die Umgebung sind möglich, selbst Schwimmen mit Pferden und Horsepainting kann organisiert werden. Ein naher kleiner Wald ist als Abenteuerspielplatz angelegt worden. In der Nebensaison bietet das Camp auch Rad- und Wandertouren an, organisiert Klassenfahrten und richtet Kinderfeiern aus.

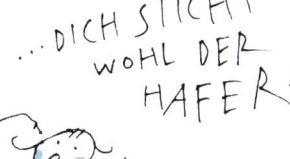

18

Samtens
Technik-Modell-Museum Rügen

Muhlitzer Straße 3
18573 Samtens
Telefon 0172 / 3838986

www.technik-modell-museum.de

Ab 5 Jahre

Öffnungszeiten
April bis Oktober
täglich 14 bis 17 Uhr
oder nach telefonischer Anmeldung

Eintrittspreise
Erwachsene 5 €
Kinder (ab 6 J.) 3 €
Familienkarte (2 Erwachsene,
alle Kinder bis 16 J.) 11 €

Aufenthaltsdauer 1 Stunde

Parken kostenlos

Toilette

Für Kinderwagen geeignet

Angefangen hat alles mit ein paar Modellbau-Fans, die 2002 einen Verein gegründet und das Museum aus ihren Privatsammlungen eingerichtet haben. Inzwischen ist die Ausstellung auf rund

10 000 Miniaturen von Autos, Eisenbahnen, Schiffen, Flugzeugen und Gebäuden angewachsen – systematisch geordnet und in Vitrinen hinter Glas vor neugierigen Händen geschützt. Die größte Attraktion aber sind die vier Eisenbahnanlagen, auf denen in unterschiedlichen Größen Züge ihre Runden drehen, auf Spur Z über H0 bis zur Gartenbahn. Laien freuen sich an der Vielfalt, Kenner entdecken mit Sicherheit „Goldstaub" in den Regalen und Kinder warten mit Eisenbahnermütze auf dem Kopf auf das Auftauchen der Lok aus dem Tunnel.

Das Museum liegt zwar etwas versteckt, aber wer an der großen Ampelkreuzung in Samtens über die Gleise fährt und dann immer den Schildern folgt, der findet es.

D as Angebot im Sporthotel lockt bei jedem Wetter und natürlich das ganze Jahr über. Tennisplätze innen und außen, Squash-Courts, Badminton, Tischtennis, eine Felsenkletter-landschaft, Kegeln, Beachvolleyball, Fitnesscenter, Schwimmbad und Sauna lassen auch einen regne-rischen Tag in schönstem Licht erstrahlen. Man muss sich nur entscheiden.

Gegen eine Leihgebühr von 5 € stehen jedem alle Sportgeräte zur Verfügung. Während zum Beispiel die Kinder im Schwimmbad toben, können die Eltern Tennis spielen oder sich an der Kletterwand versuchen. Gemeinsam Sport treiben, etwas Neues ausprobieren oder einfach nur die Seele baumeln lassen, hier ist vieles möglich.

Bergener Straße 1
18573 Samtens
Telefon 038306/22213

www.stoertebeker-sporthotel.de

Ab Kleinkindalter

Öffnungszeiten
ganzjährig 8 bis 22 Uhr

Preise
Familien-Tageskarten:
1. Rocket (Badminten, Squash, Tischtennis) 29,50 €
2. Schwimmbad (2 Erwachsene & 2 Kinder) 22 €
Schnupperklettern mit Trainer 10 € p.P.
Einzelstunden: im Internet

Aufenthaltsdauer
mindestens 2 Stunden

Parken kostenlos

Gaststätte

Toilette

Wickelmöglichkeit

Für Kinderwagen geeignet

ICH WILL HOCH HINAUS...

...ICH TAUCHE LIEBER AB!

Ralswiek *Störtebeker-Festspiele und Greifvogelschau*

Am Bodden 100
18528 Ralswiek
Telefon 03838/31100

www.stoertebeker.de

Ab 5 Jahre

*Spielzeiten
Mitte Juni bis Anfang September
Mo bis Sa 20 bis ca. 22.30 Uhr*

*Eintrittspreise
je nach Platzgruppe
Erwachsene 12,50 bis 34,50 €
Kinder (bis 15 J.)
10,50 bis 25,50 €
Greifvogelschau
Kinder 3 €, Erwachsene 5 €*

*Aufenthaltsdauer
ca. 2 ½ Stunden*

*großer Parkplatz am
Ortseingang, Zubringer-Shuttle*

Souvenirshop

Imbiss-Stände

Toilette

Für Kinderwagen geeignet

S eit 1993 kämpft der legendäre Seeräuber Klaus Störtebeker alljährlich in einer neuen Episode gegen habgierige Kaufleute und intrigante Adlige des 14. Jahrhunderts. Er kapert die Schiffe der Feinde, um die Beute an die Armen zu verteilen. Dabei begeistert das Schauspiel durch eine spannende

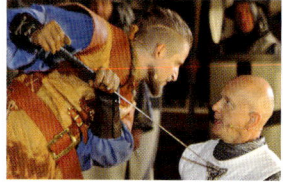

Handlung, Stunds, rasante Reit- und Kampfszenen sowie beeindruckende Spezialeffekte tausende Fans. Bei Seeschlachten werden Koggen beschossen und versenkt, aber auch romantische Augenblicke kommen nicht zu kurz. Das Ganze auf der einzigartigen Naturbühne am Großen Jasmunder Bodden, über der sich jeden Abend zum Abschluss der Geschichte ein grandioses Feuerwerk in den Himmel erhebt.

GERECHTIGKEIT LÄSST SICH NUR MIT DEM SCHWERT ERRINGEN ...

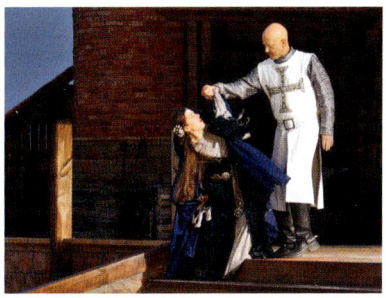

Tipp: Es wird auch bei Regen gespielt. Schirme sind zwar nicht gestattet, aber es gibt vor Ort praktische Regenumhänge zu kaufen. Gegen die Abendkühle können mitgebrachte Decken ganz angenehm sein. Störtebekers Adler Laran kann man übrigens auch außerhalb der Vorstellung erleben. Der Falkner Volker Walter lädt an den Spieltagen um 11 und 18 Uhr zu seiner Greifvogelschau „König der Lüfte" ein. Adler, Falken und Bussarde kreisen dann majestätisch über der Naturbühne. Der Falkner erzählt dabei unterhaltsam über Gewohnheiten und Lebensweise der imposanten Tiere.
Für die Flugvorführung um 18 Uhr benötigt man allerdings auch eine Eintrittskarte für „Störtebeker", da die Besucher im Anschluss gleich auf dem Gelände bleiben können.

… ODER MIT DEM TASCHENTUCH!

Bergen *Inselrodelbahn*

Rugardweg 7
18528 Bergen
Telefon 03838/828282

www.inselrodelbahn-bergen.de

Ab 1 Jahr

Öffnungszeiten
April bis Juni
10 bis 18 Uhr
Juli und August
10 bis 19 Uhr
September und Oktober
10 bis 18 Uhr
November bis März
13 Uhr bis zur Dunkelheit
Weihnachten geschlossen

Fahrpreise
Erwachsene
1 Fahrt 2 €
3 Fahrten 5 €
10 Fahrten 15 €
Kinder (bis 3 J.) frei
Kinder (bis 14 J.)
1 Fahrt 1,50 €
3 Fahrten 4 €
10 Fahrten 12 €

1 Schnappschuß
aus der Fotoanlage 2 €

Aufenthaltsdauer 1 Stunde

Parken kostenlos

Imbiss mit Getränken,
Snacks und Kuchen

Toilette (auf dem Parkplatz)
kostenpflichtig

Für Kinderwagen geeignet

R asantes und doch sicheres Fahrvergnügen auf einem natürlichen Steilhang mitten im Buchenwald des Rugard. Zur Verfügung stehen 23 Schlitten, die bei jeder Tour 27 Höhenmeter hinabsausen. Nach 700 m endet die Fahrt im Aktionskreisel und der Schlitten wird automatisch wieder nach oben gezogen. Am Ziel wird vorher aber noch die Geschwindigkeit gemessen und der jeweilige Tages-Bahnrekord angezeigt. Schon die Kleinsten sind meist nach nur einer Fahrt nicht dazu zu bewegen, die Bahn freiwillig wieder zu verlassen.
Es sei denn, die Eltern können ihnen den Spielplatz gleich hinter dem Parkplatz schmackhaft machen.

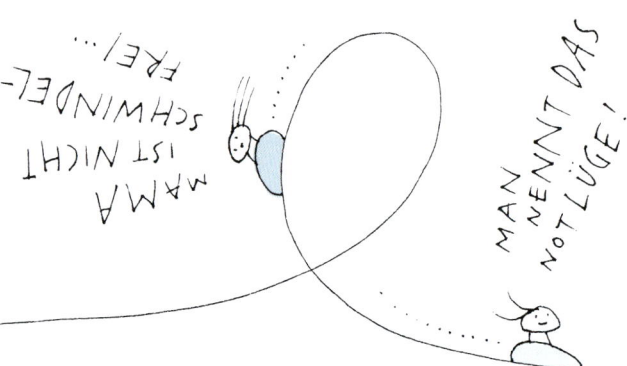

Der Kletterwald liegt direkt am Eingang zur Freilichtbühne auf dem Rugard. Einer der zwei Einführungsparcours ist ein Muss für jeden, der klettern will. Hier gibt es auch die Sicherheitsausrüstung mit Handschuhen. Für Anfänger und die Jüngsten folgt der Kinderparcours. Dann wird es schrittweise schwieriger auf Spaß-, Fitness-, Abenteuer- und Erlebnisparcours. Besonderen Spaß bringt das Überwinden eines schwankenden Stegs in der Höhe per Mountainbike. Größte Herausforderung ist der Erlebnisparcours, bei dem einige Elemente in 20 m Höhe angebracht sind und die Seilbahn sogar 120 m überbrückt.

Rugardweg 9
18528 Bergen
Telefon 0152 / 04903263

www.kletterwald-ruegen.eu

Ab 5 Jahre und
1,10 m Körpergröße

Öffnungszeiten
April bis Oktober
täglich 10 bis 18 Uhr
letzte Einweisung: 16 Uhr

5 Parcours

Eintrittspreise
Erwachsene 20 €
Kinder (5 bis 7 J.) 10 €
Jugendliche 14 €

Familienkarte (1+2) 43 €
Familienkarte (2+1) 48 €
Familienkarte (2+2) 54 €
jedes weitere Kind 11 €

Aufenthaltsdauer
mindestens 2½ Stunden

Parken kostenlos auf
dem Parkplatz Insel-Rodelbahn

Kiosk mit Snacks und Getränken,
Picknickplatz

Festes Toilettenhaus

Für Kinderwagen geeignet

ICH BIN EIN KLETTERAFFE!

DAS MIT DEM KLETTERN WERDEN WIR SEHEN!

Rutschenturm

Rugardweg 7
18528 Bergen
Telefon 0176/60848553

www.rutschenturm-ruegen.de

Ab 6 Jahre allein erlaubt

Öffnungszeiten täglich (außer
Totensonntag und 24.12.)
Juli und August 10 bis 19 Uhr
April bis Juni, September und
Oktober 10 bis 18 Uhr
November bis März
13 Uhr bis Eintritt der
Dunkelheit

Eintrittspreise
pro Person 1,50 €
3er Ticket 4 €
5er Ticket 6 €
10er Ticket 10 €

Aufenthaltsdauer ½ Stunde

Parken kostenlos
wenige Meter entfernt

Snacks und Eis

Toilette auf dem Parkplatz
(kostenpflichtig)

Nur wenige Meter unterhalb der Sommer-rodelbahn ist die neuste Attraktion der Erlebniswelt Rugard zu finden: 3 Rutschen in unterschiedlicher Länge und durchaus nicht nur für Kinder. Da wäre eine 11 m lange sanft gewellte Rutsche, eine 16 m lange Freifallrutsche für Wagemutige und eine Röhrenwendelrutsche, die sich von der obersten Etage des Turms aus 23 m Höhe hinabwindet.

Selbst für diejenigen, die mit Rutschen nichts am Hut haben, lohnt sich das Besteigen des Turmes. Von oben breitet sich die Landschaft vom Waldgebiet bis zum Bodden vor dem Auge aus und seitlich schaut man auf und in die Wagen der Sommerrodelbahn.

DIE ERDE HAT ETWAS ANZIEHENDES!

Der Rugard ist das Waldgebiet am Rande von Bergen, an dessen höchster Stelle 1877 der Ernst-Moritz-Arndt-Turm (kurz auch Rugard-Turm genannt) errichtet wurde. Knapp 27 m ist der Bau hoch.

Wer die 88 Stufen bis zur Glaskuppel erklommen hat, kann eine wunderschöne Aussicht über die Insel genießen, denn Bergen liegt ziemlich genau im geographischen Mittelpunkt Rügens. Kleine Infotafeln erklären die Ausblicke.

Wenn man auf dem Rückweg am Parkplatz vorbei noch etwa 200 m weiter läuft, trifft man auf einen schönen Spielplatz.

WEIT-SICHT IST EINE FRAGE DES STANDPUNKTS!

ZWISCHEN AUSSICHT UND EINSICHT LIEGEN 88 STUFEN!

Hotel am Rugard
Rugardweg 10
18528 Bergen
Telefon 03838/20190

www.rugard.de

Alle Altersgruppen

Öffnungszeiten
Mai bis Oktober
10 bis 18 Uhr
November bis April
10 Uhr bis zur Dunkelheit
Im Winter: Schlüssel an der
Rezeption „Hotel am Rugard"

Eintrittspreise
Erwachsene 1,50 €
Kinder (ab 6 J.) 1 €
Familienkarte 4 €

Aufenthaltsdauer ½ Stunde

Parken im Rugardweg
(ca. 200 m entfernt)

Rugard-Gaststätte
direkt unterm Turm

Billrothstraße 20a
18528 Bergen
Telefon 03838/252226

www.stadtmuseum-bergen-
auf-ruegen.de
www.stadt-bergen-auf-ruegen.de

Ab 5 Jahre

Öffnungszeiten
Mai bis Oktober
Di bis Sa 10 bis 16.30 Uhr

November bis April
Di bis Fr 11 bis 15 Uhr
Sa 10 bis 13 Uhr

Eintrittspreise
Erwachsene 2 €
Kinder (ab 6 J.) 1 €
Familienkarte 4 €

Aufenthaltsdauer
½ bis 1 ½ Stunde

Parken kostenpflichtig
auf dem Markt

D as Museum im historischen Klosterhof zeigt Funde von der Steinzeit auf der Insel bis zur Bergener Stadtgeschichte – z.B. zur Zeit der Zisterzienser-Nonnen oder zur Schwedenzeit. Für die jüngsten Besucher wartet im Foyer eine Spielecke. Darüber hinaus gibt es eine Vielzahl von Angeboten für Kinder, zum Teil aber nur auf Nachfrage. Zum Beispiel sind spezielle Führungen für Kids möglich, bei denen das eine oder andere auch mal angefasst werden darf, oder „Spielen wie zu Uromas Zeiten" mit Steckenpferd-Reiten und alten Brettspielen. In der Touristeninformation gibt es übrigens einen kostenlosen Ferienpass, auf dem alle Veranstaltungen der Stadt Bergen (auch die im Museum) zusammengefasst sind.

Souvenirshop: kleines Angebot an
Postkarten und Büchern

Toilette

Behindertengerecht

Für Kinderwagen geeignet:
Fahrstuhl vorhanden

UROMAS HATTEN TOLLE SPIELE!

Minigolf als Indoor-Variante bei jedem Wetter ... Das Besondere ist das Schwarzlicht, das weiße T-Shirts und neonfarbene Armbänder zum Leuchten bringt. Der Golfkurs geht über 18 Bahnen in 12 Räumen, die mit der entsprechenden Bemalung einmal rund um die Welt führen. Schläger in 6 Größen sorgen für den optimalen Abschlag. Die Anlage kann mit oder ohne 3D-Brille bespielt werden. Ob Erholungspause, Geburtstagsfeier oder Halloween-

Industriestraße 10
18528 Bergen
Telefon 03838/8281644

www.golfcity-ruegen.de

Ab 5 Jahre

Öffnungszeiten
Mo bis Fr 13 bis 19 Uhr
Sa, So, feiertags 12 bis 19 Uhr

Eintrittspreise
Erwachsener 7,50 €
Kind (4 bis 15 J.) 4,90 €
3D-Brille 0,80 €

Aufenthaltsdauer 1 bis 2 Stunden
Parken kostenlos vor dem Haus

Lounge & Bar
Snacks und Getränke,
z.B. vollautomatische
Cocktailmaschine

Toilette

Für Kinderwagen geeignet
aber mit Treppe

Party: Im Erdgeschoss gibt es einen Loungebereich mit Bar, Airhockey und Schwarzlicht-Billardtisch. Auf Bestellung gibt's Buffet oder Fingerfood.

Tipp für den Kindergeburtstag:
Gesicht und Hände mit Neonschminke dekorieren (gibt's an der Kasse zu kaufen und geht beim Waschen auch aus den Sachen raus).

Buschwitz
Gokart- und Buggybahn

OT Zittvitz
18528 Buschwitz
Telefon 03838/209485

www.ruegen-gokart.de

Ab 6 Jahre

Öffnungszeiten
ganzjährig
10 Uhr bis Sonnenuntergang

Preise
Gokart, Buggy oder Quad
5 min 6 €
10 min 8 €
E-Mobil (ab 3 J.)
3 min 1 €
Rabatt ab 6er-Fahrt
10er-Tiket (ab 8 J.) 70 €

Aufenthaltsdauer 2 Stunden

Parken kostenlos

Für Kinderwagen geeignet,
aber recht laut

Imbiss

Toilette

In einen hübschen Waldhang eingebettet befindet sich diese zirka drei Fußballfelder große Rennpiste. Für die Kleinsten stehen E-Mobile bereit. Diese, die motorradähnlichen Quads und die Gokarts haben je ihre eigene Rennstrecke in der hügeligen Landschaft. Eine große Runde auf der Hauptpiste misst 320 m. Die Sandbahn punktet vor allem durch die anspruchsvolle Streckenführung.

Hier ist nicht nur Schnelligkeit, sondern auch fahrerisches Können gefragt – eine ideale Wettbewerbssituation für Groß und Klein. Hügelauf und hügelab führt der Weg, in großzügigen Kurven oder scharfen kleinen Kehren. In trockenen Sommern wirbelt der Staub zwischen Gummireifen, Motoren und Kiefernbäumen auf. Wer gerade vom Brüllen und Brummen der Flitzer und dem unvermeidbaren Schmutz an der Piste die Nase voll hat, kann sich einen Imbiss gönnen oder einen kleinen Waldspaziergang unternehmen.

Mit ein bisschen Glück brausen auf der benachbarten Rennbahn große Rennmaschinen herum und man kann dort dem Treiben eines Profi-Übungslagers zusehen.

MANCHMAL SOLLTE MAN SIE EINFACH LASSEN!

Zirkow
Museumshof

Binzer Strasse 43 a
18528 Zirkow
Telefon 038303/16423

Ab 6 Jahre

Öffnungszeiten
April bis Oktober
Di, Do, Sa 10 bis 16 Uhr
(oder nach Anmeldung)

Eintritt
Erwachsener 2 €
Kind 1,50 €

Aufenthaltsdauer ½ bis 1 Stunde

Parken kostenlos hinter dem Haus

Toilette

Alte Bauernhäuser findet man auf Rügen an vielen Orten. Das Zirkower Anwesen besticht durch seine originale Ausstattung.
Das sogenannte Kübbungsdielenhaus (Kübbung = größere Abseite unter der Traufe) wurde 1727 erbaut. Bis in die 70er Jahre des 20. Jahrhunderts blieb es in Familienhand. Seit 1978 wird es als Museum geführt. Gezeigt werden in drei zum Hof gehörenden Gebäuden alte Haus- und landwirtschaftliche Geräte aus mehreren Jahrhunderten. Besonders beeindruckend ist das Wohnhaus mit seinem hallenartigen offenen Hauptteil. Hier stand das Vieh, hier wurde die Ernte eingelagert, hier wurde gearbeitet. Die kleinen Fenster unter dem tief gezogenen Reetdach lassen nur wenig Licht herein.

Die original erhaltene Wohnungseinrichtung und die Haushaltsgegenstände lassen ahnen, wie sich das Landleben einst ohne Geschirrspüler und Fernseher abspielte.

EIN BAUER HATTE NIE FERIEN!

ABER DAFÜR AUCH NIE KEINE ARBEIT!

Familienurlaub MV
Geprüfte Qualität

Binzer Straße 32
18528 Zirkow
Telefon 038202/4050

www.karls.de

Alle Altersgruppen

Öffnungszeiten
ganzjährig 8 bis 19 Uhr,

Eintritt frei, aber z.T.
kostenpflichtige Attraktionen

Aufenthaltsdauer
mindestens 2 Stunden

Parken kostenlos

Bauernmarkt
Restaurant und Imbiss-Stände

Der Rutsch- und Kletterturm ist mit seinen 13 m Höhe schon von weitem zu sehen. Und wenn man hochgeklettert ist, hat man einen Super-Überblick über die weiteren Spiel- und Spaß-Attraktionen im Erlebnis-Dorf. Vom Mini-Go-Kart bis zur Traktor-bahn, von Riesenhüpfkissen bis zum Wasserspielplatz, von der Reifenrutsche bis zum Maislabyrinth. Sogar ein kurioses Erdbeer-Museum lädt zum Staunen ein. Alle Altersgruppen und alle Wetterlagen sind berücksichtigt. Und dass sich irgendwann der Hunger einstellt. Zwischen Hof-Bäckerei und Marmeladen-Manufaktur gibt's auch Deftiges vom Holzkohle-Grill. Natürlich nur, wenn nach dem Stockbrot-Backen noch Platz im Magen ist. Und kleine Tierfreunde werden sicher auch den Ziegen und Meerschweinchen im Streichelgehege noch einen Besuch abstatten wollen.

Toiletten

Wickelmöglichkeiten

Für Kinderwagen geeignet

BEI KARL IST ALLES GROSS!

BESONDERS FÜR DIE KLEINEN!

Einen idyllischen Platz haben die Fans von Wasserski und Wakebord gefunden. Diese moderne Anlage befindet sich in einem ehemaligen Kiessee etwas südlich von Zirkow. Für Spaß und sportlichen Ehrgeiz kann man sich am 840 Meter langen Schlepplift ausprobieren. Dieser zieht das Seil und die daran hängenden Wassersportler mit 27 bis 30 km/h vorwärts.

Für Anfänger gibt's auf Anmeldung Intensivkurse mit Sicherheitseinweisung und fachlicher Hilfe. Und nach so viel Bewegung kommt ein Cable-Hamburger vielleicht gerade recht, falls ein Salat nicht reichen sollte. Gleich um die Ecke im Natur Camp kann man übrigens in neuen kleinen Hütten übernachten oder zelten.

Am Kapellenberg 1
18528 Zirkow
Telefon 03893/131470
0172/3966103

www.wasserskiruegen.de

Für alle Altersgruppen, wenn man sicher schwimmen kann

Öffnungszeiten
in der Hochsaison ab 11 Uhr,
abweichende Zeiten auf der
Homepage
Kurse ab 9 Uhr (nach Anmeldung)

Preisbeispiele
Jugendlicher 19 € (2 Stunden),
Erwachsener 25 € (2 Stunden),
zuzügl. Neopren 6 €

Wasserskikurs 28 € (bis 16 J.)
38 € (über 16 J.)
Wakeboardkurs 34 € (bis 16 J.)
44 € (über 16 J.)
(inklusive Ausrüstung)

Aufenthaltsdauer
mindestens 2 Stunden

Parken kostenlos

Bistro mit Sonnenterrasse

Toilette

Für Kinderwagen geeignet

Putbus *Park und Wildgehege*

18581 Putbus

www.putbus.de

Alle Altersgruppen

*Aufenthaltsdauer
1 bis 2 Stunden*

*Parken: großer Parkplatz am
Theater oder kostenpflichtig
an der Hauptstraße*

*Gastronomie
in der Orangerie, im Marstall
und im Spielzeugmuseum*

Für Kinderwagen geeignet

D ie „Weiße Stadt", wie sie auch genannt wird, wurde von Fürst Wilhelm Malte zu Putbus ab 1810 als Residenzstadt mit italienischem Flair ausgebaut. Der großzügig angelegte englische Landschaftspark lädt zu jeder Jahreszeit zu Spaziergängen ein. Man wandelt unter riesigen Mammut- und Tulpenbäumen, genießt den Blick von der früheren Schlossterrasse sowie Aussichten auf Bodden, Orangerie, Marstall und Fürstendenkmal.

Vorbei an der Schlosskirche gelangt man zum Wildgehege. Das wurde schon 1815 eingerichtet. Heute leben hier etwa 100 Rehe und Hirsche.

LASS
UNS HIER
PARKEN!

ABER NICHT...
RÜCKWÄRTS!

Das frühere Affenhaus des Putbuser Parks beherbergt nun das Puppen- und Spielzeugmuseum – alles, was Kinderherzen seit vielen Generationen höher schlagen lässt: Puppenstuben und Feuerwehrautos, voll eingerichtete Kaufmannsläden und Zinnsoldaten, das meiste davon natürlich für neugierige Kinderhände unzugänglich hinter Glas verwahrt. Dazwischen gibt es aber auch Angebote zum Anfassen: Die Kleinsten dürfen Schaukelpferd reiten oder mit Teufel, Kasper und der Großmutter das Puppentheater von 1920 bespielen. Ein 20-Cent-Stück setzt ein Riesenrad in Bewegung.

Ein zusätzlicher Spaß für die ganze Familie:
Wer den Clown von der Eintrittskarte in einem der vielen Regale findet, bekommt eine kleine Überraschung an der Kasse.

Kastanienallee
18581 Putbus
Telefon 038301/60959

Ab 3 Jahre

Öffnungszeiten
April bis Oktober
täglich 10 bis 18 Uhr
zwischen 25.12. und 6.1.
10 bis 17 Uhr
Februar/März
täglich 11 bis 16 Uhr

Eintrittspreise
Erwachsene 6 €
Kinder (6 bis 14 J.) 1,50 €

Aufenthaltsdauer 1 Stunde

Toilette

Parken kostenlos vor dem Museum

Imbiss und selbst gebackener Kuchen im Wintergarten, im Sommer auch draußen

Für Kinderwagen geeignet

Historisches Uhren- und Musikgerätemuseum

Alleestraße 13
18581 Putbus
Telefon 038301/60988

www.uhrenmuseum-putbus.de

Ab 4 Jahre

Öffnungszeiten
November bis April
Di bis So 11 bis 16 Uhr
Mai bis Oktober
täglich 10 bis 18 Uhr

Eintrittspreise
Erwachsene 5 €
Kinder (6 bis 12 J.) 2 €
ab 10 Personen
4 € pro Person

Aufenthaltsdauer 1 Stunde

Parken kostenlos
vor dem Museum

Toilette

Für Kinderwagen geeignet

F ranz Sklorz war als Techniker ein leidenschaftlicher Sammler. Er trug Uhren, Regulatoren und Musikgeräte zusammen, reparierte und pflegte sie liebevoll in seiner kleinen Werkstatt. Im Sommer 2011 hörte sein Herz auf zu schlagen. Seine Frau Elfriede Sklorz führt das Museum weiter. Sie gibt den von der Bewegung faszinierten Kindern Einblick in die mechanischen Uhrwerke, lässt die Kuckucksuhren rufen und das Orchestrion spielen. Acht Melodien sind auf so einer Metallplatte mechanisch gespeichert! Dem interessierten Besucher erzählt sie die Geschichten der Ausstellungsstücke. Die älteste Uhr ist schon über 500 Jahre alt. Und seltsam – trotz des Tickens so vieler Zeitmesser scheint die Zeit hier eine herrliche Pause zu machen.

DARF ICH DICH AUF- ZIEHEN?

DU TICKST WOHL NICHT RICHTIG!

D ie Fahrt mit der Rügenschen Kleinbahn ist einfach ein Muss. Seit mehr als 100 Jahren zuckelt die dampfgetriebene Schmalspurbahn zwischen Lauterbach und Göhren hin und her. Sie wird von den Einheimischen zwar liebevoll „Rasender Roland" genannt, die Reisegeschwindigkeit beträgt aber an den schnellsten Stellen gerade einmal 30 km/h. Dafür ist es ein Erlebnis, während der Fahrt auf der Plattform zwischen den kleinen Wagen zu stehen und in engen Kurven (vor allem im Bereich der Granitz) einen Blick auf die fauchende Lok zu werfen. Die dienstälteste Lokomotive wurde übrigens 1914 gebaut.

Wichtig zu wissen: An kleinen Stationen hält der Rasende Roland nur, wenn man vorher dem Schaffner Bescheid gesagt hat.

Binzer Straße 12
18581 Putbus
Telefon 03838/81359-1

www.ruegensche-baederbahn.de

Im Sommer:
Putbus – Binz
im 2-Stunden-Takt 8 bis 21 Uhr
Binz – Göhren
im 1-Stunden-Takt

Fahrpreis für die einfache
Gesamtstrecke
Erwachsene 10 €
Kinder (6 bis 13 J.) 5 €
Familienkarte
(2 Erwachsene, 3 Kinder) 21 €
Fahrradkarte 3 €
Extrawagen für Fahrräder
Tageskarte Familien (2+3) 46 €

VIELLEICHT SOLLTEN WIR DOCH EIN WENIG LANGSAMER LAUFEN ...

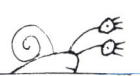

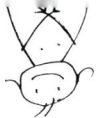

Lauterbacher Straße 10
18581 Putbus
Telefon 038301/898366

www.pirateninsel-ruegen.de

Ab 3 Jahre

Öffnungszeiten
November bis März
täglich 12 bis 16 Uhr
April bis Oktober
täglich 10 bis 19 Uhr
24./25./31. Dezember
und 1. Januar geschlossen

Eintritt
Erwachsene 5,90 €
1. Kind 2,90 €
jedes weitere Kind 2 €

Wer zuerst im Haus-Kopf-über
war, erhält 1 € Rabatt
für die Pirateninsel

Aufenthaltsdauer 1 Stunde

Parken kostenlos
großer Parkplatz vor dem Haus

Toilette in der Pirateninsel

Für Kinderwagen nicht geeignet

Der Horizont ist der wichtigste Orientierungspunkt für den Menschen. Fehlende oder wie im „Haus-Kopf-über" veränderte Bezugspunkte setzen das Gleichgewicht von Groß und Klein in Alarmzustand. Hier ist nicht nur oben unten, sondern auch waagerecht schief. Jeder macht seine im Wortsinn schräge Erfahrung.
Hat man sich aber in der neuen Situation „eingependelt", wird der Getäuschte zum Täuscher. Im Spiel mit der Einrichtung können Besucher eine Vielzahl unmöglicher und skurriler Situationen entdecken und im Foto festhalten – für alle eine spaßige Sache!

Wichtig: Die Fotos später auf den Kopf drehen und Freunde und Bekannte verblüffen!

DIE KOPFSTEHENDE BETRACHTUNG DER DINGE FÜHRT ZU NEUEN ERKENNTNISSEN!

Der Indoor-Spielpark liegt am Ortsausgang von Putbus in Richtung Lauterbach. In einer Halle von rund 2000 qm können sich Kinder bis etwa 12 Jahre so richtig austoben, idealerweise auch bei schlechtem Wetter.

Auf der Elektrokartbahn müssen pro Fahrt 0,50 € eingeworfen werden, das reicht dann für etwa 4 Runden. Alles andere ist im Eintrittspreis enthalten: Hüpfburgen, eine große Kletterrutsche, 6 Trampolinanlagen, ein Fußballfeld, ein Piraten-Kletterhaus mit zwei Schaumgummiball-Kanonen, eine Piratenhöhle mit Mega-3D-Laser Show sowie ein Spielbereich für die Allerkleinsten. Für erschöpfte Eltern und hungrige Kids gibt's eine große Cafeteria mit Blick übers Spielfeld.

Tipp: Wer vormittags getobt hat und über Mittag einen Spaziergang im Putbusser Park oder im Hafen von Lauterbach unternehmen möchte, kann am Nachmittag mit der gelösten Eintrittskarte gern wiederkommen.

Lauterbacher Straße 10
18581 Putbus
Telefon 038301/898366

www.pirateninsel-ruegen.de

Ab 1 ½ Jahre

Öffnungszeiten
Mo bis Fr 13 bis 19 Uhr

Wochenende, Feier- und Ferientage Mecklenburg-Vorpommern
10 bis 19 Uhr

Eintrittspreise
Erwachsene Tageskarte 4,10 €
ab 17.30 Uhr 2,80 €
Kinder Tageskarte 7,20 €
ab 17.30 Uhr 4 €
Krabbelkinder (bis 2 J.) 3,50 €

Wer zuerst im Haus-Kopf-über war, erhält 1 € Rabatt
(nur 1x Rabatt möglich)

Aufenthaltsdauer bis 4 Stunden

Parken kostenlos
großer Parkplatz vor dem Haus

Souvenirshop

Café/Bistro

Wickelmöglichkeit

Für Kinderwagen geeignet

Toilette

NACH FÜNF STUNDEN TOBEN IST MAN K.O.

ELTERN SIND SCHON NACH FÜNF MINUTEN K.O.

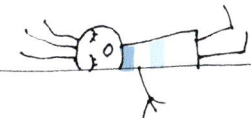

Lauterbach
Ausflugstour „Rund Insel Vilm" und Robben-Expedition

Weiße Flotte
Fährstraße 16
18439 Stralsund
Telefon 03831/26810

www.weisse-flotte.de

Alle Altersgruppen

Mai bis Oktober
Fahrzeiten Rund Vilm:
9.15, 12.15 (außer Mo & Do),
15.30 Uhr

Fahrzeiten Robben-Expeditionen:
Mo & Do 9.30 Uhr

Fahrkarte rund um Vilm
Erwachsene 14 €
Kinder (4 bis 14 J.) 8 €
Familienkarte (2+3) 38 €

Robben-Expedition
Erwachsene 22 €
Kinder (bis 14 J.) 13,50 €
Familienkarte (2+3) 58,50 €

Dauer 1 Stunde (Vilm),
rund 2 ½ Stunden(Robben)

Parken kostenpflichtig im Ort

Imbiss

Toilette

Für Kinderwagen geeignet

Tipp: Fernglas mitnehmen

Ausflüge per Schiff: beispielsweise mit der MS „Sundevit" um die Insel Vilm, die zu DDR-Zeiten auch Honecker-Island genannt wurde, weil nur hohe Funktionäre hier Urlaub machen durften. Der Kapitän gibt einen Einblick in die Geschichte dieses Landstrichs. Hier fand der Badebetrieb unter Fürst Malte zu Puttbus auf Rügen seinen Anfang.

Seit 1936 steht der Vilm unter Naturschutz. Täglich dürfen nur 60 Besucher die Insel betreten. Sie ist knapp einen Quadratkilometer groß und hat eine interessant gegliederte Küste.
Zunehmender Beliebtheit erfreuen sich die Robben-Expeditionen. Da die Population der Meeressäuger im Greifswalder Bodden sich so gut entwickelt hat, werden zweimal pro Woche Fahrten in die Nähe der Kegelrobben angeboten. Inklusive vieler Informationen und Fotos. Die Besucher werden sogar Teil des wissenschaftlichen Beobachtungsprogramms. Man sollte aber keine übertriebenen Erwartungen hegen, da der Kapitän Mindestabstände zu den Tieren einhalten muss.

RUNDFAHRTEN SIND KREUZGEFÄHRLICH

Ausflug mit Fahrrad und „Wasser & Dampf"

Ein ereignis- und abwechslungsreicher Tag ist mit der Kombination von Schifffahrt, Fahrradtour und Fahrt mit dem Rasenden Roland garantiert. Der Ausflug beginnt im Hafen von Lauterbach, wo die MS „Sundevit" ausläuft, eine Runde um die Naturschutzinsel Vilm dreht und dann das Bollwerk Baabe ansteuert.

Dort gibt es zwei Möglichkeiten:

1. Man schwingt sich auf die Räder und fährt etwa 2 ½ Kilometer ins Ostseebad Baabe.

2. Man setzt mit der Ruderfähre nach Moritzdorf über und radelt knapp 5 Kilometer auf einer wenig befahrenen Straße am Selliner See entlang ins Ostseebad Sellin. Nachteil: Im Ort gibt es keinen Fahrradweg. Am Selliner Kleinbahnhof bleibt dann noch Zeit für einen Imbiss in der liebevoll mit vielen Bahn-Accessoires ausgestatteten Gaststätte.

Mit dem nächsten Rasenden Roland geht es von Baabe oder Sellin dann wieder zurück nach Lauterbach. Die Fahrräder reisen im Gepäckwagen mit. Die ganze Tour kann man auch in umgekehrter Reihenfolge planen.

Per Schiff, Fahrrad und Kleinbahn durch Mönchgut und Granitz

Weiße Flotte
Telefon 03831/268116

Rügensche Kleinbahn
Telefon 03838/81359-1
ab Ende Mai bis Anfang Oktober
Telefon 03838/81359-0

Fahrplan:
www.weisse-flotte.de
www.rasender-roland.de

Kombiticket für Schiff & Kleinbahn
Erwachsene 17 €
Kinder (4 bis 14 J.) 9,50 €

Familie
(2 Erwachsene, 3 Kinder) 42 €
Fahrrad 7,50 €

... DARUM AUSFLUG!

Mukran
Feuersteinfelder an der Schmalen Heide

Tourismuszentrale Rügen
Heinrich-Heine-Straße 7
18609 Binz
Telefon 03838/80770

www.ruegen.de

Ab 2 Jahre

(Tragegestell oder Handwagen)
Zeiten für Führungen und Rad-
wanderung erfragen

Aufenthaltsdauer 2 Stunden

Parken kostenpflichtig

Imbiss

D ie Feuersteinfelder von Neu-Mukran sind ein-
zigartig an der hiesigen Ostseeküste. Zwischen
dem Kleinen Jasmunder Bodden und einem
Kiefernmischwald befindet sich dieses erstaunliche
Naturschutzgebiet.

Durch eine kürzere oder eine längere Wanderung, bei
Bedarf auch als Führung, gelangt man zu den Feuer-
steinen. Ist der Ausgangspunkt der Parkplatz hinter
Mukran, geht der ausgeschilderte Wanderweg über
40 Minuten durch den Wald zu den Geröllwällen.
Als diese vor 4000 Jahren entstanden, war der Wasser-
spiegel etwas höher als jetzt. Sturmfluten schichteten
die kiesigen und sandigen Strandwälle auf. Heute erlebt
man einen 2,5 Kilometer langen Streifen, in dem alte
Kiefern, Stiel-Eichen und der Berg-Ahorn wachsen.
Ein Wander-Labyrinth entstand, in dem Beeren und
Heidekraut kleine Hecken bilden. Wer hier unterwegs
sein will, sollte festes Schuhwerk tragen und ein Faible
für die Natur haben. Im umliegenden Moor wächst
wegen des kalkhaltigen Wassers Sonnentau, Knaben-
kraut und Wollgras.

KANNST
DU FUNKEN
SCHLAGEN?

ICH
BIN EIN
MÄDEL!

Prora
Sandskulpturen-Festival

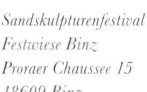

Eckig und scharfkantig müssen sie sein – die Sandkörnchen, aus denen Skulpturen geschaffen werden – von Künstlern, die schon in allen möglichen Teilen der Welt gearbeitet haben.
Jedes Jahr gibt es in Prora ein neues Thema, zu dem Figuren und ganze Landschaften aus dem vermeintlich krümeligen Material entstehen. Und doch halten diese Kunstwerke den ganzen Sommer, weil die Sandblöcke im Vorfeld angefeuchtet und verdichtet werden, ehe die Künstler sie bearbeiten.
Auf gewundenen Pfaden bewegen sich die Besucher dann durch die Ausstellung, um die rund 100 Einzel-Kunstwerke von möglichst vielen Seiten sehen zu können.
Das Ganze ist übrigens überdacht in großen Zelten untergebracht, so dass Regen oder Sturm weder Figuren noch Gästen etwas anhaben können.

Sandskulpturenfestival
Festwiese Binz
Proraer Chaussee 15
18609 Binz

www.sandfest-ruegen.de

Ab 4 Jahre

Öffnungszeiten
Mitte März bis Anfang November
täglich 10 bis 18 Uhr

Eintrittspreise
Erwachsene 8,50 €
Kinder (4 bis 12 J.) 5,50 €
Familienkarte
(2 Erwachsene + 2 Kinder)
25,50 €

Aufenthaltsdauer ca. 1 Stunde

Parken kostenpflichtig

Imbiss mit Eis, Kaffee und Kuchen

Toiletten

Für Kinderwagen geeignet

MIT FANTASIE ...

... FAND ER SIE!

Familienurlaub MV
Geprüfte Qualität

Forsthaus Prora 1
18609 Binz / Ortsteil Prora
Telefon 038393/662200

www.nezr.de

Alle Altersgruppen

Öffnungszeiten täglich
(außer 24.12., Anfang Januar
und Ende November)
3. Januarwoche bis März und
November und Dezember
9.30 bis 16.30 Uhr
April und Oktober
9.30 bis 17.30 Uhr
Mai bis September
9.30 bis 19.30 Uhr

Eintrittspreise
Erwachsene 10 €
Schüler und Studenten 8,50 €
Kind (6 bis 14 J.) 8 €
Familienticket (2 Erwachsene
und eigene Kinder) 21 €

Tipp:
Bei Anreise mit dem Naturerbe-
Prora-Express ab Seebrücke Binz
oder dem Öffentlichen Nahverkehr
bekommt man 1 € Rabatt auf den
Eintrittspreis

Aufenthaltsdauer
mindestens 2 Stunden

WER DENKT, DASS ER EIN VOGEL WÄR...

Mehr als einen Kilometer lang bewegen sich die Besucher hier zwar mitten im Buchenwald, aber zwischen 4 und 17 m über dem Boden. Außerdem hält der Baumwipfelpfad lauter spannende Haltepunkte bereit: Hier ein kleiner Geschicklichkeitsparcours, dort wird mit einer Kurbel verdeutlicht, wie mühsam ein Baum das benötigte Wasser den Stamm hinauf bis in die Blätter transportieren muss.

In einer großen Spirale windet sich der Pfad dann als Turm in die Höhe. Kinderwagen oder kleine Bollerwagen (können ausgeliehen werden) lassen sich problemlos hinaufschieben. Als Belohnung winkt die grandiose Aussicht über Ostsee, Kleinen Jasmunder Bodden und Granitz. Die Spitze des 40 Meter hohen Turmes wurde einem Adlerhorst nachempfunden – und mit einem bisschen Glück kann man von hier auch Seeadler durchs Fernglas vorbeigleiten sehen.

Im Umweltinformationszentrum am Boden ist zum einen die Erlebnisausstellung „Natur erleben und verstehen" untergebracht, aber auch Wechselausstellungen zu verschiedenen Umweltthemen finden hier statt – alles anschaulich und mit vielen Experimenten zum Ausprobieren. Beliebt sind auch die angebotenen Führungen und die Mitmachwerkstätten im NaturLabor für alle Altersklassen. Dort kann man Bernsteine und andere Strandfunde bearbeiten oder Papier herstellen. Am

Parken kostenpflichtig

Selbstbedienungsrestaurant „Boomhus"

Toilette

Wickelraum

Für Kinderwagen geeignet

Ende hat jeder ein eigenes Mitbringsel als Erinnerung an einen ereignisreichen Tag.

Tipp:
Nach Anmeldung können sich Gruppen oder Familien auch individuelle Programme zur Gestaltung eines „Naturforscher-Geburtstags" oder Exkursionen zusammenstellen lassen.

... DER IRRT SICH SEHR!

Strandstraße TH 52, Block 3
18609 Ostseebad Binz / Prora
Telefon 03831 / 3569473
0152 / 03647424

www.seilgarten-prora.de

Ab 5 Jahre (Schulterhöhe 1,10 m)

Öffnungszeiten
März bis Mai und Oktober
Di bis So 10 bis 17 Uhr
September
Di bis So 10 bis 18 Uhr
Juni bis August
Di bis So 10 bis 18 Uhr

13 Parcours

Eintrittspreise
Erwachsene
2 Stunden 22 €
Jugendliche (14 bis 17 J.)
2 Stunden 17 €
Kinder (bis 13 J.)
2 Stunden 15 €

Schnupperklettern 13 €
Parcours 1 bis 4
Spezielle Familienpreise
auf der Website

Aufenthaltsdauer
mindestens 2 Stunden

Parken kostenpflichtig direkt vor
dem Seilgarten

Kiosk mit Eis und Getränken

Toilette

Für Kinderwagen geeignet

D urch den Einweisungsparcours muss jeder, denn hier erklärt ein Trainer Sicherheitsaspekte und die Handhabung der Kletterausrüstung. Kleine Einsteiger dürfen ab einer Mindestgreifhöhe von 1,60 m den einfachsten Parcours in maximal 1,50 m Höhe absolvieren. Kinder bis 11 Jahre können die Anlage nur mit einer Begleitperson betreten.

Für die Größeren wird es dann langsam immer schwieriger, sich über Balken, Brücken oder Seilbahnen von Baum zu Baum zu schwingen. Mit dem Bezwingen der Elemente hoch über dem Erdboden steigt aber zweifellos auch der Spaßfaktor. Der letzte Parcours ist aus Sicherheitsgründen erst für erfahrene Kletterer ab 16 Jahren freigegeben

D as Museum ist etwas für Liebhaber von großen Fahrzeugen, in erster Linie natürlich von Eisenbahnen. Wahre Kolosse an Eisen und Stahl haben in der 120 m langen Halle einen Platz gefunden. Hier steht die größte Dampflok Europas, eine 250 Tonnen schwere russische Schnellzuglok. Aber auch die Werklok der Rügener Kreidewerke, alte Feuerwehren, Leiterwagen und alte Automobile aus dem vergangenen Jahrhundert können bestaunt werden. Imposant und beinahe Furcht einflößend wirkt die riesige Schneefräse auf Schienen gleich neben den Triebwagen der alten Berliner S-Bahn.
Übrigens liegen in der großen, zweigeteilten Halle tatsächlich Gleise, allerdings alle etwas romantisch angehaucht in einem Bett aus weißen Kieselsteinen. Ständig kommen weitere Fahrzeuge hinzu, so dass dieses lebendige Museum immer etwas Neues bietet. Anfassen, Klettern und Ausprobieren darf man allerdings nur mit Zustimmung der Aufsicht.
Fachliche Fragen werden aber immer gern beantwortet.

Mukraner Straße
18609 Prora
Telefon 038393/2366

www.etm-ruegen.de

Ab 4 Jahre

Öffnungszeiten
Ostern bis Oktober
täglich 10 bis 17 Uhr

Eintrittspreise
Erwachsene 10 €
Kinder 5 €

Aufenthaltsdauer
1 bis 2 Stunden

Parken kostenlos

Toilette

Für Kinderwagen geeignet

ES IST EIN KIND IM MANNE, DAS WILL SPIELEN!

ICH WEISS!

Experimenta –
Museum zum Anfassen

Prorarer Chaussee 59b
18609 Prora
Telefon 038393/131318

www.experimenta-ruegen.de

Ab 5 Jahre

Öffnungszeiten
April bis Juni und Oktober
täglich 10 bis 17 Uhr
Juli und August
täglich 10 bis 18 Uhr
September
täglich 10.30 bis 17 Uhr
Weihnachts- und Winterferien
täglich 10 bis 16 Uhr

Eintrittspreise
Erwachsene 6,50 €
Kinder (ab 4 J.) 5,50 €

Aufenthaltsdauer ca. 2 Stunden

Parken kostenlos

Kleiner Shop mit Geschicklich-
keits- und Experimentalspielen

Toilette

Für Kinderwagen geeignet
(Rampe vorhanden)

Die „Experimenta" ist für Kinder genauso geeignet wie für Leute, die glauben, schon alles zu wissen. Die einen wie die anderen werden staunen. Wo kann man schon seinen Schatten an der Wand zurücklassen, einen Blick in die Unendlichkeit wagen, durchs Rohrtelefon sprechen, Erdbebenrütteln spüren oder eine freitragende Brücke bauen? Wie sieht die Welt aus dem Inneren einer Riesen-Seifenblase aus? Und wie bringt man Magnete zum Schweben und Kugeln zum Bergan-Rollen? Unzählige Stationen zum Ausprobieren auf 1000 qm erklären Naturwissenschaft eindrucksvoller als jede Schulstunde.
Im Garten ist zudem noch Goldwaschen möglich und mit ein wenig Geduld findet man sogar echte Edelsteine zum Mitnehmen.

EXPERIMENTE KÖNNEN GEFÄHRLICH SEIN!

DARF ICH DICH ANFASSEN?

Binz *Park der Sinne*

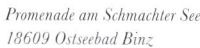

Als Gegenpol zur quirligen Strandpromenade wurde am Nordostufer des Schmachter Sees ein Park der Sinne angelegt. Von der Bahnhofstraße aus gelangt man durch einen kleinen englischen Garten mit vielen Duftrosen und einem Pavillon über eine Brücke zum Ufer.

Entlang der Promenade (mit je einem Weg für Fußgänger und Radfahrer) finden sich kleine Experimentierstationen: Wasserstrudel, die per Kurbel ausgelöst werden können, ein Klangexperiment, Prismen, ein Findling am Seil.

Höhepunkt für die Kleinen ist ein wirklich origineller Wasserspielplatz. Wenn geschickte Kinderhände die Hebel und Räder bewegen, bahnt sich das Nass aus einer Pumpe über Rinnen und Wasserräder seinen

Promenade am Schmachter See
18609 Ostseebad Binz

Alle Altersgruppen

Aufenthaltsdauer
1 bis 2 Stunden

Parken kostenpflichtig
Wylich-/Pestalozzistraße oder
Parkhaus Jasmunder Straße

Für Kinderwagen geeignet

Weg. Pitschnasse Hände und Füße sollte man vorsichtshalber einplanen.

ERWACHSENE HABEN NUR EINS IM SINN …

KINDER HABEN FÜNF SINNE!

Zeppelinstraße 8
18609 Binz
Telefon 038393/50417
oder 50419

www.kids-club-binz.de

Ab 3 Jahre

Öffnungszeiten
Ferienzeit (alle Bundesländer)
täglich 9 bis 18 Uhr
Sportbereich ohne Aufsicht
bis 21 Uhr
Schulzeit (alle Bundesländer)
Kleinkindbereich
täglich 9 bis 18 Uhr
Sportbereich
Mo und Di geschlossen

Eintrittspreise
4,50 € pro Stunde
20 € halbtags
29 € ganztags

Aufenthalt 1 Stunde bis 1 Tag

Parken kostenpflichtig im Ort

Erlebnisrestaurant „Appetito"

Toilette

Wickelmöglichkeit

Für Kinderwagen geeignet

Kaum zu glauben, dass es einem Klub gelingen kann, Kindern zwischen drei und 14 Jahren altersgerechten Spielspaß unter einem Dach anzubieten. Der Kid's-Club-Binz schafft dies. Er verspricht in drei voneinander getrennten Bereichen unter Begleitung von gelernten Betreuern Action, Spannung

oder auch ganz stille Beschäftigung: Auf 1300 qm können die Besucher kreativ kochen, Theaterspielen, kindgerechtes Internet nutzen oder beim Tischtennis, Waveboard und im Bällchenbad schöne Stunden verleben. Zahllos scheinen die hier angebotenen Spielmöglichen.
Wer mit den Eltern gemeinsame Sache machen möchte, kann sich sogar als kleiner Koch im „Appetito" den ersten silbernen Kochlöffel verdienen.

ICH HABE ZWEI BÄLLCHEN GEFUNDEN!

DAS WERDEN MAL MEINE!

Zur Glasherstellung werden zuerst Soda, Sand, Pottasche, Kalk und Salpeter im Schmelzofen bis auf 1300°C erhitzt. Dann beginnt – unter den Augen der Besucher – die Kunst des Glasbläsers. Er dreht das noch zähflüssige Glas auf ein 1,60 m langes Eisenrohr wie Honig auf einen Löffel, dann wird es gezogen, geformt und geblasen – dabei hat André Blumberg nur sehr wenig Zeit, denn bei rund 900°C wird das Glas schon fest.

So entstehen täglich kleine Tiere, Windspiele, Vasen, Kerzenhalter und Schmuck. Als besonderes Erlebnis können sich große und kleine Besucher ihre eigene Glaskugel herstellen – mit ein „wenig" Hilfe des Glasbläsers.

Schillerstraße 11
18609 Binz
Telefon 038393/439300

www.blumberg-glas.de

ab 4 Jahre

Öffnungszeiten
April bis Oktober
täglich 10 bis 18 Uhr

November bis März
Mo bis Sa
10 bis 16 Uhr und nach Bedarf

Glaskugel selbst fertigen 15 €

Aufenthaltszeit am Ofen
10 bis 16 Uhr (½ bis 1 Stunde)

Parken kostenpflichtig im Ort

Verkauf in der
Glasgalerie Malente

Für Kinderwagen geeignet

KANNST DU AUCH BLASEN?

NUR MIT KAUGUMMI!

18609 Binz
Telefon 038393/66710

www.granitz-jagdschloss.de
www.jagdschloss-granitz.de

Alle Altersgruppen

Öffnungszeiten
Mai bis September
täglich von 10 bis 18 Uhr
Oktober und April
täglich 10 bis 17 Uhr
November bis März
Di bis So 10 bis 16 Uhr

Eintrittspreise
Erwachsene 6 €
Kinder (bis 18 J.) frei

Aufenthaltsdauer 1 bis 2 Stunden

Restaurant und Imbiss

Toilette

Schloss ist nicht barrierefrei

D er spätklassizistische symmetrische Bau von 1851 ragt weithin sichtbar über die Granitz. Während das Jagdschloss vom Berliner Architekten Steinmeyer entworfen wurde, trägt der Mittelturm die Handschrift von Karl-Friedrich Schinkel. Ursprünglich nur als Repräsentationsbau für

WARUM STEHEN BURGEN IMMER AUF HÜGELN?

erlauchte Jagdgäste geplant, musste die Fürstenfamilie von Wilhelm Malte I. zu Putbus doch für mehrere Jahre hierher umziehen. Ein Brand hatte ihr Stammschloss 1865 in Mitleidenschaft gezogen.

Ein großer Teil der historischen Ausstattung des Jagdschlosses ging in den Wirren nach Ende des Zweiten Weltkrieges verloren. Dennoch bieten die alten Öfen und Wandtäfelungen, die Gemälde und das Porzellan sowie einige Möbel und zahlreiche Jagdtrophäen einen Eindruck vom einstigen herrschaftlichen Glanz.

Beeindruckend und nichts für Menschen mit Höhenangst ist die selbsttragende gusseiserne Wendeltreppe zur Aussichtsplattform. Der Blick von dort oben über die Granitz bis zur Ostsee ist atemberaubend.

Die Zufahrt zum Schloss ist für private PKW gesperrt. Von Binz aus verkehrt aber der Jagdschlossexpress. Eine weitere Ausflugsvariante bietet sich mit dem Rasenden Roland: Man fährt bis zum Haltepunkt Garftitz (Schaffner Bescheid sagen, damit der Zug hält!) und wandert von dort aus zu Fuß (etwa 1,5 Kilometer) den Tempelberg hinauf. Der Weg ist auch für Kinderwagen geeignet, allerdings zum Teil recht steil.

Für Kinder gibt es direkt an der Kleinbahnhaltestelle einen schönen Spielplatz.

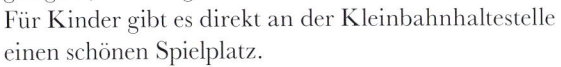

WEIL MÄNNER AUF HÜGEL STEHEN!

Sellin
Ahoi Rügen – Bade- und Erlebniswelt

Familienurlaub MV
Geprüfte Qualität

Badstraße 1
18586 Sellin
Telefon 038303/1230

www.ahoi-ruegen.com

Ab Kleinkindalter

Öffnungszeiten
Mitte März bis Oktober
10 bis 22 Uhr
November bis Mitte März
14 bis 21 Uhr

Eintrittspreise
Erwachsene
2 Stunden 10 € + 5 € Sauna
Tageskarte 17 € + 5 € Sauna

Kinder (99 cm bis 14 J.)
2 Stunden 7 €
Tageskarte 11 €

Familienkarten
(1+2) 31 €
(2+2) 45 €
(2+1) 36 €

Aufenthaltsdauer ab 2 Stunden

Parken kostenpflichtig
Großparkplatz etwa 200 m
entfernt

Restaurant

Toilette

Wickelmöglichkeit

D ie Badelandschaft im Seepark Sellin bietet die Möglichkeit zum Entspannen, aber auch Toben, Rutschen und bedingt zum Schwimmen. 600 qm Wasserfläche gibt es, mit Unterwasser-Whirlliegen, Bodensprudlern und einem Schwimmkanal ins temperierte Außenbecken. Eine 100 m lange Black-Hole-Wasserrutsche mit Licht- und Toneffekten ist besonders bei Halbwüchsigen sehr beliebt. Für Jüngere stehen Schwimmreifen und anderes Wasserspielzeug zur Verfügung. In besonders warmen und flachen Becken können auch die Kleinsten spielen und planschen. Im ganzen Bad verteilt stehen bequeme Liegen.

Wer die große Saunalandschaft besucht, hat die Wahl zwischen Dampfbädern, Kaminsauna und Kreidebad oder Aromagrotte.

Das Angebot im Restaurant reicht vom Salat über Deftiges bis zum Veggi-Burger.

DACHTE,
DU MAGST
WHIRLPOOL?

Die Eiszeit beginnt – unabhängig von den Temperaturen, die uns Petrus beschert – im Selliner Seepark immer im Advent. Die Eisfläche, auf der sich Groß und Klein tummeln können, ist 30 x 15 m groß. Wer keine eigenen Schlittschuhe hat, kann sie in einem beheizten Raum mit Sitzbänken ausleihen.

Wird das Eis erneuert, ist das die perfekte Gelegenheit, sich eine kleine Pause im Pavillon zu gönnen. Das Imbissangebot reicht von Grünkohl mit Knackwurst bis zur Soljanka – und auch der heiße Sanddornsaft und der Eierpunsch sind nach Hausrezept zubereitet.

Im Seepark
18586 Sellin
Telefon 038303/160
über Kurverwaltung

www.sellin.de

Ab 3 Jahre

Öffnungszeiten
Mo und Do 14 bis 19 Uhr
Di, Mi und Fr 14 bis 20 Uhr
Sa und So 11 bis 20 Uhr
von Mitte Dezember
bis Ende Februar
Mo bis Fr 13 bis 19 Uhr
Sa und So 10 bis 19 Uhr
Sonderöffnungszeiten
während der Ferien

Eintrittspreise
Erwachsene 1 Stunde 2,50 €
Kinder 1 Stunde 1,50 €
Tageskarte Erwachsene 6 €
Tageskarte Kinder 3 €
Schlittschuh-Ausleihe 2,50 €
Zehnerkarte Erwachsene 28 €
Zehnerkarte Kinder 18 €

Aufenthaltsdauer 1 bis 3 Stunden

Parken kostenpflichtig

Imbiss im Pavillon

Toilette im WC-Container

Für Kinderwagen geeignet

WAS WILLST DU MAL WERDEN?

POLITIKER!

An der Seebrücke
Wilhelmstraße 25
18586 Sellin
Telefon 038303 / 92777

www.tauchgondel.de/
tauchgondel-sellin.html

Ab 4 Jahre

Öffnungszeiten
November bis März
Mi bis So 11 bis 16 Uhr
April, Mai, September und
Oktober
täglich 10 bis 19 Uhr
Juni bis August
täglich 10 bis 21 Uhr

Eintrittspreise
Erwachsene 8 €
Kinder (bis 15 J.) 5 €
Familienkarte 1 Kind 19 €
Familienkarte 2 Kinder 21 €
Familienkarte 3 Kinder 23 €

Aufenthaltsdauer 40 Minuten

Parken kostenpflichtig

Notausstieg vorhanden

A m Ende der Seebrücke lädt die Tauchgondel jeweils 30 Besucher zur Erkundung der Unterwasserwelt ein. Fahrstuhlähnlich gleitet die Gondel bis in 4,5 m Tiefe. Die Ostsee macht ihrem Ruf als nährstoffreichstem Meer alle Ehre: Man sieht nicht mehr viel. 2 m Sicht höchstens sind drin. Hier mal ein Hering, dort eine kleine Qualle. Umso erstaunter ist das Publikum, wenn nach ein paar Informationen des „Kapitäns" der 3D-Film über das Leben in der Ostsee beginnt. Plötzlich scheinen Flundern und Kegelrobben, Miesmuscheln und Seesterne durch den Raum zu gleiten. Und selbst Feuerquallen sehen einfach nur schön aus. Die Minuten sind viel zu schnell vorbei und schon bewegt sich die Tauchgondel wieder aufwärts.

SIE NENNEN ES FERNSEHEN!

Für besonders interessierte Besucher des einzigen Bernsteinmuseums auf Rügen gibt es eine Einführung durch die Mitarbeiter der Einrichtung, Kinder dürfen sogar verschiedene Experimente machen, wie man das sogenannte Gold des Meeres erkennt.

In der Ausstellung sind die Entstehung des Bernsteins aus dem Harz urzeitlicher Bäume, verschiedene Vorkommen überall auf der Welt und das berühmte Bernsteinzimmer dokumentiert. Daneben gibt es auch auch einige Schmuckstücke, wie die Göhrener Bernsteinkrone, zu sehen. Im Fachgeschäft an der Straße findet der eine oder andere sicher noch ein bernsteingeschmücktes Andenken zum Mitnehmen.

Granitzer Straße 43
18586 Sellin
Telefon 038303/87279

www.bernsteinmuseum-sellin.de

Ab Schulalter

Öffnungszeiten
Juni bis September
Mo bis Fr 10 bis 13 und
14 bis 17.30 Uhr
Sa 10 bis 12 Uhr
Oktober bis Mai
Mo bis Fr 10 bis 12
und 14 bis 17 Uhr
Sa 10 bis 12 Uhr

Eintrittspreise
Erwachsene 2 €
Kinder (6 bis 14 J.) 1 €
mit Kurkarte ½ Preis

Aufenthaltsdauer 20 bis 30 min

Parken in der Wilhelmstraße
kostenpflichtig

Geschäft mit Bernsteinschmuck

Für Kinderwagen geeignet,
Ausstellung aber im Obergeschoss

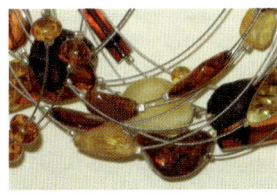

MÄNNER SUCHEN...

FRAUEN TRAGEN...

Siedlung am Wald 50
18586 Sellin
Telefon 038303/86035

www.ostseebad-sellin.de/jugend-
freizeitzentrum/

Ab Schulalter bis 18 Jahre

Öffnungszeiten
Mo bis Sa 13 bis 19 Uhr
in den Ferien 11 bis 19 Uhr

Eintritt frei

Aufenthaltsdauer
1 bis mehrere Stunden

Parken kostenlos

Snacks und Eis

Toilette

D as Freizeitzentrum macht Angebote für Kinder, die mal was Spannendes ohne ihre Eltern erleben wollen. Gegen schlechtes Wetter ist mit Büchern, Spielkonsolen, Bastelangeboten und Tischfußball vorgesorgt. Ansonsten geht es hinaus zum Fußball, Stockbrotbacken am Feuer oder Bogenbauen im Hüttencamp. Im Sommer findet das Piraten- oder Forscherleben am Südstrand satt. Einmal in der Woche wird gemeinsam gebacken.

Alle Aktivitäten in der kommunalen Einrichtung sind kostenfrei. Ähnliche, zum Teil kleinere Freizeitzentren, gibt es in Thiessow, Putbus, Samtens, Gingst und Binz.

Göhren *Bernsteinpromenade*

Die schöne Promenade entlang des Nordstrandes wurde erst vor ein paar Jahren völlig neu gestaltet. Rechts und links des denkmalgeschützten Musikpavillons gibt es Springbrunnen, Laubengänge, jede Menge blühende Blumen und Cafés. Im Sommer laden immer wieder Konzerte zum längeren Bleiben ein.

Passend zum Kneippkurort Göhren gibt es im Kurpark sogar einen Kneippgarten. Hier kann man mit viel Spaß im Storchenschritt durch das Becken waten und gleichzeitig etwas für die Gesundheit tun. Anziehungspunkt für die Kinder aber ist der Abenteuerspielplatz mit einem großen hölzernen Piratenschiff.

www.ostseebad-goehren.de

Alle Altersgruppen

Aufenthaltsdauer ab 1 Stunde

Parken kostenpflichtig, ausgewiesener Parkplatz hinter der Promenade

Cafés und Restaurants

Toilette

Für Kinderwagen geeignet

WO SIND DIE ELTERN?

DIE KNEIP(P)EN!

Familienurlaub MV
Geprüfte Qualität

*www.moenchguter-
museen-ruegen.de*

Telefon 038308/2175

Ab 4 Jahre

*Eintrittspreise pro Haus
Erwachsene 3 €
Kinder (ab 7 J.) 2,50 €*

*Tageskarte alle Museen 8 €,
Familie 15 €*

*Aufenthaltsdauer
½ bis 1 Stunde pro Museum*

Parken kostenpflichtig im Ort

*Souvenirshop:
im Heimatmuseum Karten und
Bücher, Bastelbögen, Spiele*

Toilette

Für Kinderwagen geeignet

*Öffnungszeiten
Heimatmuseum
Juli/August
10 bis 18 Uhr*

*September, Oktober und
April bis Juni
10 bis 17 Uhr*

*November bis April
10 bis 16 Uhr*

Alle Museen sind in denkmalgeschützten Gebäuden mit langer Geschichte untergebracht und erzählen vom Leben der Menschen aus dem vorletzten und letzten Jahrhundert.

Museumshof/Strandstraße 4
Der älteste und größte Museumshof auf Rügen besteht aus einem Gebäude-Ensemble, das vom Wohnhaus bis zum Schweinestall reicht. Zahlreiche Gerätschaften zeugen vom Arbeitsalltag der Mönchguter Bauern und Handwerker. Regelmäßig gibt es Veranstaltungen, bei denen alte Handwerkstechniken wie Schmieden, Spinnen oder traditionelles Backen vorgeführt werden.

Heimatmuseum/Strandstraße 1
In dem mehr als 150 Jahre alten rohrgedeckten Bauern- und Lotsenhaus kann man die typischen Trachten der Mönchguter sehen. Außerdem finden sich neben wechselnden Sonderschauen Ausstellungsstücke aus dem alltäglichen Leben der Fischer und Seefahrer.

Wichtiger Hinweis:

Wegen Sanierungsarbeiten bleiben die Museen 2017 komplett geschlossen

Museumshof
Juli/August
10 bis 18 Uhr

September, Oktober und
Mitte April bis Juni
Mo bis Fr 10 bis 17 Uhr

November bis Mitte April
10 bis 16 Uhr

Rookhus
April bis Oktober
14 bis 17 Uhr

Museumsschiff „Luise"
Juli/August
10 bis 17 Uhr

September bis Mitte Oktober
10 bis 13 Uhr

Mitte April bis Juni
täglich 10 bis 13 Uhr

Rookhus/Thiessower Straße 7
Das Rookhus ist das letzte erhalten gebliebene Rauch-
haus Rügens – so genannt, weil es keinen Schornstein
hat und der Rauch der offenen Herdstelle früher durch
die Diele und Öffnungen im Dachfirst abziehen musste.
Die Menschen lebten darin sehr einfach: Gleich neben
dem Wohnraum der Familie war das Vieh untergebracht.

Museumsschiff „Luise"/Am Südstrand 1a
Der 1906 vom Stapel gelaufene Küstenfrachter ist voll
eingerichtet und hat sogar noch den originalen Glüh-
kopfmotor. Früher waren Küstenschiffer auf dem Mo-
torsegler unterwegs, heute können hier junge Seebären
Schiffsknoten lernen.

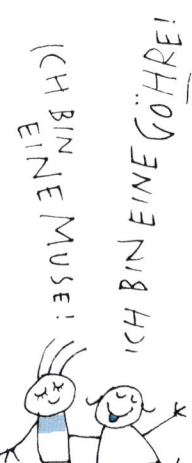

Mönchgut
Wanderung zum Herzogsgrab

Alle Altersgruppen

Aufenthaltsdauer 1 Stunde

Parken kostenlos vor der
Absperrung ins Naturschutzgebiet

Für Kinderwagen geeignet:
fester Waldboden

Das sogenannte Herzogsgrab, ein Großstein-grab im Mönchguter Forst, findet man aus Richtung Baabe kommend gleich hinter dem Abzweig nach Göhren, wenn man weiter geradeaus fährt. Dort kann man auf der rechten Seite vor der Schranke parken.

Der kleine Fußmarsch (10 bis 15 Minuten) führt etwa 800 m durch die reizvolle Landschaft der Baaber Heide, die Teil des Naturschutzgebietes Mönchgut ist. Links steil aufragend findet sich eine uralte bewaldete Düne, rechts eine vermooste Senke voller Farne.

Das aus der Jungsteinzeit stammende Hünengrab ist rund 4000 Jahre alt und besteht aus kreisförmig angeordneten, mächtigen Findlingsblöcken.

Entdeckt wurde es von dem Dorfschullehrer Fritz Worm, als er 1922 unter Dorngestrüpp nach der Begräbnis-stätte eines Herzogs suchte – deshalb der Name.

VERMUTLICH WIRD ES NICHTS AUFREGENDES ZU ENTDECKEN GEBEN...

Middelhagen
Schulmuseum

Die frühere Einklassenschule im Küsterhaus neben der Kirche ist heute Museum. Es besteht aus den Wohnräumen des damaligen Dorfschullehrers und der Schulstube. In dieser wurden noch bis 1946 alle 8 Klassen von Middelhagen und der umliegenden Dörfer unterrichtet.
Die Kinder saßen in derben Holzbänken und arbeiteten mit Rechenmaschine, Griffel und Schiefertafel. Alles ist noch so eingerichtet, als würde der Unterricht gleich beginnen.

Und wirklich wird jeden Mittwoch 10 Uhr (sowie auf Nachfrage) eine historische Schulstunde abgehalten. Dabei werden weit mehr als 150 Jahre Schulgeschichte sehr anschaulich und auf amüsante Weise lebendig, zum Beispiel wenn die Lehrerin gebügelte Taschentücher und saubere Hände kontrolliert.

Dorfstraße
18586 Middelhagen
Telefon 038308/2153

www.moenchguter-
museen-ruegen.de oder
www.middelhagen.de

Ab Schulalter

Öffnungszeiten
November bis April geschlossen
Mai, September und Oktober
Di bis So 10 bis 16 Uhr
Juni bis August
Di bis So 10 bis 17 Uhr
hist. Schulstunde
jeden Mi 10 Uhr,
Juni bis August
zusätzlich Di 10 Uhr

Eintrittspreise
Erwachsene 3 €
mit Kurkarte 2,50 €
Kinder (ab Schulalter) 1,50 €

für die historische Schulstunde
7 €/3 €

Aufenthaltsdauer
½ bis 1 Stunde

Parken kostenlos vor der
Kurverwaltung Dorfstraße 4

Souvenirshop:
Ansichtskarten an der Kasse

Toilette: im Nebengebäude

Für Kinderwagen geeignet,
aber sehr enge Räume

FRÜHER WAREN DIE LEHRER JÜNGER!

...WEIL SIE FRÜHER STARBEN!

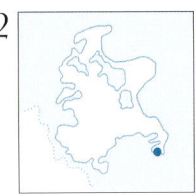

Groß Zicker
Wanderung Zickersche Berge

Alle Altersgruppen

Aufenthaltsdauer
1 Stunde bis halber Tag

Parken gebührenpflichtig, großer
Parkplatz hinter dem Ortseingang

Gaststätte „Taun Hövt" am
Eingang zum Naturschutzgebiet

Für Kinderwagen nur
bedingt geeignet, da zum Teil
ausgefahrene Sandwege

D ie Wanderung kann man gleich am Parkplatz vor der Backsteinkirche starten.
Groß Zicker ist ein malerisches Fischerdorf mit langgezogener Dorfstraße, auf der man an einem Spielplatz und am Pfarrwitwenhaus vorbeikommt. Das ist eines der ältesten Häuser auf Rügen, wurde um 1720

gebaut und kann heute besichtigt werden. Am Ende der gepflasterten Boddenstraße befindet sich der Eingang ins Naturschutzgebiet der „Zicker Berge". Von hier darf man nur noch zu Fuß gehen.

Es gibt verschiedene Wege durch die bewaldeten Hügel und Magerrasenflächen mit zum Teil herrlicher Rundsicht. Immer geradeaus führt durch das „Nonnenloch" eine Treppe hinunter zum Strand. Der größte Findling dort unten wiegt übrigens 41 Tonnen. Wem der Weg bis dahin (20 bis 30 Minuten) zu kurz war, kann sich nach dem Aufstieg an der Hütte links halten. Der Rückweg führt dann an der Steilküste entlang.

Das „Taun Hövt" am Eingang zum Naturschutzgebiet hat nicht nur eine große Terrasse und gute Küche, sondern auch einen kleinen Spielplatz mit Schaukel und Wippe.

Ein Tipp:
Der Sonnenuntergang, erlebt von den Zickerschen Bergen aus,
ist phantastisch.

Thiessow
Lotsenturm

Zum Lotsenturm muss man gegenüber der Feuerwehr in Thiessow abbiegen und bis zum Ende der Straße weiterfahren. Dort befindet sich ein großer Parkplatz. Dann ist es nur noch ein kleiner Spaziergang. Allerdings steigt der Weg auf den 38 m hohen Lotsenberg sehr steil an.

Kurverwaltung
Hauptstraße 36
18586 Thiessow
Telefon 038308/8280

www.ostseebad-thiessow.de

Alle Altersgruppen

Öffnungszeiten
ganzjährig und
rund um die Uhr begehbar

Eintrittspreise
1 € am Drehkreuz

Aufenthaltsdauer
½ bis 1 Stunde
Picknickbank mit Aussicht
vorhanden

Parken gebührenpflichtig
am Ende der Strandstraße

Dafür belohnt der grandiose Blick vom Turm die Mühe. Der südlichste Zipfel des Mönchgutes mit den Halbinseln Südperd und Klein Zicker liegt vor einem, auf drei Seiten vom Greifswalder Bodden umgeben. Richtung Norden erstreckt sich der Sandstrand in einem sanften Bogen bis nach Göhren.
Erstmals wurde hier 1909 ein Turm errichtet und diente als Lotsenwache. Der jetzige Aussichtssturm ist ein originalgetreuer Nachbau. Im Erdgeschoss informieren einige Schautafeln über die Geschichte des Lotsenwesens.
Im Anschluss an die Turmbesteigung bietet sich ein Strandspaziergang an oder ein Besuch des „Strandcafés", das nur ein paar Schritte entfernt liegt. Bei gutem Wetter sitzt man auf einer schönen großen Terrasse an der Düne.
Vor allem im Frühjahr und im Herbst findet man am Strand oft sogar Bernsteine.

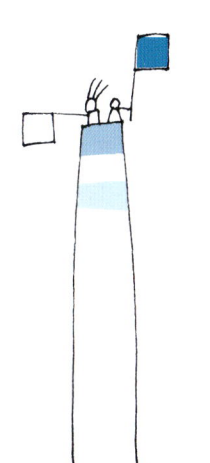

Sassnitz *Wanderung an der Steilküste*

www.sassnitz.de

Ab Wanderalter

*Aufenthaltsdauer
2 bis 3 Stunden*

*Parken kostenpflichtig
am Buchenwald,
Ortsende von Sassnitz
in der Bergstraße*

Wer die Kreideküste in ihrer Schönheit erleben will, muss nicht unbedingt den Königsstuhl besuchen. Einfacher, beschaulicher und preiswerter wird dieses Erlebnis, wenn man in Sassnitz gerade durch den Ort hindurch fährt, am Buchenwald das Auto parkt und die Wanderung beginnt. Im Rucksack sollten sich Getränke und etwas zum Knabbern befinden. Später nimmt er schwere und leichte Fundstücke vom Strand auf. Feste Schuhe und strapazierfähige Kleidung sind erforderlich, um Spaß an der Wanderung zu haben. Am Anfang entscheidet man sich am besten für den Weg direkt am Wasser. Durch Steine und Geröll ist er zwar

etwas beschwerlich. Dafür sind Funde von Feuersteinen und Donnerkeilen gesichert. Das Murmeln und Rascheln der Kiesel im Spülsaum machen diese Wanderung sehr kurzweilig. Der leichtere Rückweg durch den hohen und Schatten spendenden Buchenhochwald mit seinen in die Tiefen eilenden Rinnsalen ist dafür umso entspannender.

Übrigens, an diesem Küstenabschnitt leuchtet die Kreide nur vormittags, später liegen die teilweise über 60 m hohen Hänge im Schatten. Nie nach heftigen Regengüssen, im Frühjahr oder Herbst hier entlang wandern, es kann zu Uferabbrüchen kommen!

DIE KÜSTE IST STEIL!

ICH KANN SANFT KÜSSEN!

D ie liebevoll zusammengetragene Ausstellung
zeigt das Fischereihandwerk in seiner oft
abenteuerlichen Ursprünglichkeit und Härte.
Eine Vielzahl von Gerätschaften gibt einen Einblick in
den Alltag der Küstenfischer.
Die Entwicklung von Sassnitz zum Fischerei- und
Fährhafen ist eng verknüpft mit der Eröffnung des Pas-
sagierfrachtdienstes zwischen Stettin und Kopenhagen
mit Zwischenstopp in Sassnitz 1871.
Die Zeitreise von den Anfängen der Gemeinschafts-
fischerei bis 1998 wurde von den Mitgliedern eines
Vereins zusammengetragen. Ein Rätselspaß zu
Fischen in heimischen Gewässern richtet sich besonders
an Kinder.
Dem Museum gegenüber hat der Original-Hochseekut-
ter „Havel" am Kai festgemacht. Ein ehemals fahren-
der Seemann führt über das Fangschiff.
Hier können auch Seemannsknoten geknüpft werden,
die jedem Druck standhalten und sich dennoch schnell
lösen lassen.

Im Stadthafen
18546 Sassnitz
Telefon 038392/57846

www.hafenmuseum.de

Ab 6 Jahre

Öffnungszeiten
April bis Oktober
Di bis So 10.30 bis 17.30 Uhr

Weihnachtsferien und Februar
Di bis So 10.30 bis 16 Uhr

Eintrittspreise
Erwachsene 4 €
(mit Führung 5 €)
Kinder (6 bis 14 J.) 2 €
Familienkarte (2+2) 10 €

Aufenthaltsdauer 1 Stunde

Parken kostenpflichtig
am Hafen

Souvenirshop

Toilette

Hafenstraße 12
18546 Sassnitz
Telefon 038392/31516

www.hms-otus.com

Ab 5 Jahre

Öffnungszeiten täglich
Mai bis Oktober 10 bis 18 Uhr,
während der Ferien bis 19 Uhr
November bis April
10 bis 16 Uhr

Eintrittspreise
Erwachsene 7,50 €
Jugendliche (14 bis 17 J.)
5,50 €
Kinder (4 bis 13 J.) 3,50 €
Familienkarte 16 €

Aufenthaltsdauer ½ Stunde

Parken meist kostenpflichtig
am Hafen

Souvenirshop an der Kasse

D as U-Boot H.M.S. Otus war 28 Jahre lang mit 68 Mann Besatzung für die Britische Marine im Einsatz und verbringt seinen Lebensabend nun im Stadthafen Sassnitz.

Wer sich an Bord begibt, sollte keine Platzangst haben, denn die Durchstiege durch die Schotten sind schmal. Torpedoraum, Funkanlage und Periskop kann man genauso besichtigen wie die winzigen Wasch- und Mannschaftsräume sowie Kapitänskajüte und Kombüse. Eingespielte Tauchgeräusche und der Lärm bei Gefechtsalarm machen den Aufenthalt an Bord noch authentischer oder bedrückender, je nach Gemütslage des Besuchers.

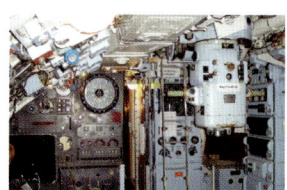

UNHEIMLICH!

Wer sich auf einen Nachmittag mit Ulrike Müller einlässt, wird wunderbare kleine Kunstwerke mit nach Hause nehmen. Die gebürtige Kölnerin versteht es, Kinder und Erwachsene zum Zeichnen und Gestalten zu animieren. Viel diskutierte Fragen, warum Gemaltes meist anders aussieht, als es in natura wahrgenommen wird, können hier beantwortet werden – allein schon durch die Beobachtung, dass Farben klarer aussehen, je weniger man sie mischt.

Freundlich, ruhig und geduldig erklärt die Künstlerin die Wirkungsweise der Farben, weiß genau, wie viel Freiraum und wie viel Hilfe jemand braucht.

Bachpromenade 3
18546 Sassnitz
Telefon 0170/4806060

www.offenesatelier-einblick.de

Ab 5 Jahre

Öffnungszeiten
Mo bis Fr 11 bis 17 Uhr
für Kurse bitte telefonisch
anmelden

Preise
Kurs 1 Stunde 12 €
zuzüglich Materialkosten

Aufenthaltsdauer
mindestens 1 Stunde

Parken in der Altstadt
kostenpflichtig

Angebot von Kakao oder Tee

Toilette

Auch kreative Pausen mit Früchtetee, Kakao oder einem Espresso gehören zur Wohlfühlatmosphäre. Ist die Malerin nicht in Sassnitz, so lässt sie sich durch andere Künstler vertreten, die alle aus ihrem Bekanntenkreis stammen.

KANN ICH DAS AUCH?

DAS KANN JEDER PINSEL!

Schmetterlingspark

Straße der Jugend 6
18546 Sassnitz
Telefon 038392/66442

www.alaris-
schmetterlingspark.de

Ab 4 Jahre

Öffnungszeiten
Karfreitag bis Ende Oktober
10 bis 17 Uhr
außerhalb der Schulferien
Sa geschlossen

Eintrittspreise
Erwachsene 7,50 €
Kinder (4 bis 14 J.) 4 €
Jugendliche 5 €

Aufenthaltsdauer mind. 1 Stunde

Parken kostenlos
hinter dem Haus

Schmetterlingssouvenirs

Cafeteria mit Imbiss und Kuchen

Toilette

Wickeltisch

Für Kinderwagen geeignet

Tipp:
leichte Bekleidung bei 28°C
Innentemperatur

Hunderte zarter Geschöpfe mit klangvollen Namen wie Glasflügler, Weiße Baumnymphe oder Blauer Himmelsfalter taumeln durch das kleine Tropenparadies. Wer die Vielfalt der Schmetterlinge aber erspähen möchte, braucht etwas Geduld. Am besten sind sie an den vielen Futterstellen mit Obst und Zuckerwasser zu beobachten.

Mit etwas Glück (oder mal nachfragen) findet man sogar auch kleine nimmersatte Raupen eines Bananenfalters oder eines Atlas-Seidenspinners an einer Fliederpflanze. Letzterer ist mit 30 Zentimetern Flügelbreite der größte Schmetterling der Welt.

Der Shop im Eingangsbereich hält ein umfangreiches Sortiment zu Schmetterlingen bereit – von Schmuck und Stickern bis zu Tüchern, Puzzles und sogar Samen-Raritäten.

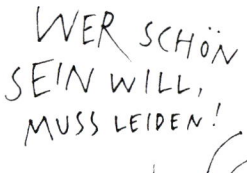

WER SCHÖN SEIN WILL, MUSS LEIDEN!

D ie Keramik von Dörte Päplow in Fayence-Technik ist mit regionalen Motiven und Ornamenten bemalt. Beim Töpfern für Kinder erklärt sie zunächst den Umgang mit Ton und die drei Techniken für freies Gestalten (Daumenschalen-, Platten- und Aufbautechnik), so dass die Kleinen sofort loslegen können. Schnell entstehen eigene Figuren oder Gebrauchsgegenstände. Eltern dürfen gegen einen Selbstkostenbeitrag mitmachen.

Für keramisch weniger begeisterte oder begabte Eltern gibt es nebenan im „Grundtvighaus" (übrigens mit Schaukelpferd und Brettspielen ausgestattet) Regale voller Bücher und Kaffee bei traumhaftem Blick über die Ostsee.

Seestraße 3/Grundtvighaus
18546 Sassnitz
Telefon 038392/57775

www.toepferei.grundtvighaus.de

Ab 3 Jahre

Öffnungszeiten
Mo bis Fr 9 bis 18 Uhr
Sa 9 bis 13 Uhr

„Gestalten aus Ton" für Kinder
und Eltern
mittwochs 15 Uhr
(ohne Anmeldung)

Preise
Kurs pro Person 6€

Aufenthaltsdauer 2 Stunden

Parken kostenlos
in der Seestraße gegenüber

Souvenirshop
Werkstatt und Laden

Café im Grundtvighaus

Toilette im Grundtvighaus

Für Kinderwagen geeignet

ICH BACKE MIR EINE VASE!

ICH TÖPFERE MIR EINEN KUCHEN!

Hauptstraße 33
18546 Sassnitz
Telefon 038392/22381

www.tierpark.sassnitz.de

Ab 2 Jahre

Öffnungszeiten
April bis September
10 bis 18 Uhr

Oktober bis März
10 bis 16 Uhr

Eintrittspreise
Erwachsene 3,50 €
Kinder (3 bis 14 J.) 2 €
Familienkarte 8 €
Ermäßigung mit Kurkarte

Aufenthaltsdauer 2 Stunden

Parken kostenpflichtig
„Tierpark am Nationalpark"
(5 min Fußweg)

Souvenirshop an der Kasse

Imbiss

Toilette

Wickelmöglichkeit

Für Kinderwagen geeignet

Tipp:
„Blick hinter die Kulissen"
für max. 3 Personen 30 €
(incl. Eintritt)

Der kleine Tierpark liegt beschaulich im hügeligen Teil von Sassnitz, man erreicht ihn am Rathaus vorbei auf der rechten Seite, am Ende der ersten Straße. Rund 60 Arten tummeln sich hier. Vor allem heimische Tiere werden in dem 2,5 Hektar großen Areal gepflegt. Fuchs und Luchs, Reh und Esel zählen dazu, desgleichen die vom Aussterben bedrohten Schleiereulen.

Insgesamt sind 400 unterschiedliche Tiere zu beobachten. Und beinahe zu jedem gibt es Geschichten zu erzählen. Das Eulenpärchen beispielsweise brütete 1998 drei prächtige Vögel aus. Diese wurden nicht wie sonst üblich im Tausch anderen Tiergärten übergeben, sondern in die Nähe von Bisdamitz gebracht und dort ausgewildert. Der Versuch gelang.

Um die Tiere und ihre Gewohnheiten besser kennen zu lernen, kann man hier auch mal hinter die Kulissen schauen und sich vom Tierpfleger spannende Geschichten erzählen lassen. Oder sogar selbst für eine Stunde in die Rolle des Pflegers schlüpfen und gemeinsam die Gehege besuchen, mit füttern, streicheln und fegen.

HIER WERDEN TIERE GEPARKT!

UM SIE VOR DEN MENSCHEN ZU SCHÜTZEN?

Kreidefelsenfahrt

Die berühmten Kreidefelsen ziehen von jeher die Besucher in Scharen an. Einen besonders schönen Blick auf Wissower Klinken und Königsstuhl hat man zweifellos vom Wasser aus. Am besten am Vormittag, wenn die Kreide bei entsprechender Sonnenbeleuchtung hell strahlt.
Die kürzesten Kreidefelsenfahrten starten im Stadthafen Sassnitz. Sie sind kurzweilig, der jeweilige Kapitän erzählt über Richtfeuer, Wellengang und die Risiken

beim Wandern unter den Kreide-Geschiebemergel-Felsen. Zusammen mit den dunkelgrünen Buchenhainen ziehen sie in rund 500 m Entfernung vorbei. Es lohnt sich, ein Fernglas einzustecken. Segelboote, große Ostseefähren und die schöne Rügenkulisse lassen die Fahrt zu einem einmaligen Erlebnis werden.

Adler-Schiffe
04651/9870888
www.adler-schiffe.de

Reederei Ostsee-Tour
038392/ 3150
www.reederei-ostsee-tour.de

Reederei Lojewski
038392/ 35136
www.reederei-lojewski.de

MS Alexander über Seetouristik Brauns
038392/35225 oder
0170/8366966
www.ms-alexander.de

Ab Kleinkindalter

Ostern bis Ende Oktober
täglich ab 10 Uhr
im Winter nur eingeschränkt

Fahrpreise:
Erwachsene ab 14 €
Kinder ab 7 €
zum Teil Familienkarten
ab 35,50 €

Fahrdauer je nach Anbieter
75 bis 90 min

Parken kostenpflichtig im Hafen

Imbiss

Toilette

Für Kinderwagen nur bedingt geeignet

Weitere Fahrten von den Seebrücken Binz, Sellin und Göhren

DU BIST SO KREIDEBLEICH?

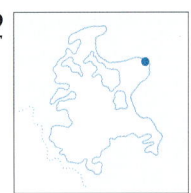

Stubbenkammer
Nationalpark-Zentrum KÖNIGSSTUHL

Familienurlaub MV
Geprüfte Qualität

Stubbenkammer 2
18546 Sassnitz
Telefon 038392/66170

www.koenigsstuhl.com

Ab 4 Jahre

Öffnungszeiten
Ostern bis 31. Oktober
9 bis 19 Uhr
1. November bis Ostern
10 bis 17 Uhr

Eintrittspreise
Erwachsene 8,50 €
Kinder (6 bis 14 J.) 4 €
Familie (2 Erw. und Kinder
bis 14 J.) 17 €

Das Nationalpark-Zentrum
Die abwechslungs- und ideenreiche Erlebnisausstellung bietet sowohl für Kinder als auch Erwachsene jede Menge Spaß und gleichzeitig Wissenswertes über den kleinsten Nationalpark Deutschlands und das UNESCO-Weltnaturerbe „Alte Buchenwälder".
Unter anderem kann man ausprobieren, wie man sich unter einem Findling, neben einem Gletscher, als Insekt zwischen den Grashalmen einer Wiese oder als Winzling in einem Dachsbau fühlt.
Vier Audio-Touren durch die Ausstellung, darunter eine speziell für Kinder, stehen zur Auswahl.
Im schneckenförmigen Saal des Multivisionskinos wird die Schönheit des Nationalparks in Bildern aus jeder Jahreszeit während einer 15-minütigen Vorstellung präsentiert.
Und da so viel Naturgewalt leicht hungrig macht, bietet das Bistro regionale Küche der Insel.
Das Nationalpark-Zentrum organisiert auch zahlreiche Outdoor-Angebote: Kurzführungen und Schnitzeljagd, im Sommer sogar Theater und spielerische Erlebnisführungen.

WISSEN MACHT A... APPETIT!

Gleich neben dem Haus wartet ein Abenteuer-Parcours auf mutige Kletteraffen, die auf den dicken Baumstämmen balancieren oder in den Seilen schaukeln.

Aufenthaltsdauer ab 2 Stunden

Parkplatz in Hagen
außerhalb des
Nationalparkgeländes

Pendel-Bus zum Nationalpark-
Zentrum Linie 19 ab Stadthafen
oder Bahnhof Sassnitz Buslinie
20 zum Nationalpark Zentrum

Shop:
mit typischen Artikeln des
Nationalparks

Imbiss/Bistro

Toilette

Wickelraum

Für Kinderwagen geeignet

Tipp:
Königsstuhl-Tiket:
Bus-Tageskarte Rügen und Ein-
tritt ins Nationalpark-Zentrum
1 Familie (2+3) 36 €

Der Königsstuhl
Im Eintrittspreis ist auch der Blick vom Königsstuhl eingeschlossen. Den sollte man sich keinesfalls entgehen lassen, ändern die berühmten Kreidefelsen doch bei jedem Wetter und zu jeder Jahreszeit immer wieder ihr Aussehen.
Die Treppe zum Strand ist aus Sicherheitsgründen leider nicht mehr begehbar.

WER HOCH STEIGT, KANN TIEF FALLEN.

Neddesitz
Erlebniswelt „Splash"

Neddesitz
18551 Sagard
Telefon 038302/97700

www.erlebnisbad-spassbad.info

Ab Kleinkindalter

Öffnungszeiten
täglich 8 bis 22 Uhr
letzter Einlass 21 Uhr

Eintrittspreise
Erwachsene
4 Stunden 13 €
Tageskarte 19 €
Kinder (1 bis 15 J.)
4 Stunden 9 €
Tageskarte 13 €
Familienkarte
(2 Erwachsene, 1 Kind)
Tageskarte 42 €
weitere Kinder je 6 €

Aufenthaltsdauer ab 2 Stunden

Kostenloser Parkplatz

Imbiss und Café mit
Außenterrasse

Toilette

Wickelmöglichkeit

Wenn das Wetter gerade nicht zum Baden im Meer oder in einem See einlädt, bietet die Jasmar-Therme eine gute Alternative. Die 1500 qm große Badelandschaft unter dschungelähnlichem Badedach umfasst einen Kleinkind-Bereich, Innenbecken mit Sprudelliegen, Schwallduschen, Gegenstromanlage und eine 80 m lange Riesenrutsche. Im Außenbereich gibt es noch einen Pool sowie eine große Liegewiese mit Sonnenliegen und Strandkörben. Beim kleinen Hunger zwischendurch sorgt das Bistro für Abhilfe. Im Sommer ist es möglich, draußen neben dem Pool auf der Terrasse zu sitzen.

Auch außerhalb der Therme kann man sich durchaus sportlich betätigen. So besteht unter anderem die Möglichkeit zum Bowlen, Tennis- oder Minigolfspielen (gegen Gebühr). Im Kinderparadies warten Kletterturm, Rutschen und Trampolin auf die Jüngsten.

PLITSCH...

PLATSCH...

Baldereck
Rügener Spezialitätenmanufaktur

Wer aus Sagard Richtung Norden fährt, muss hinter Bobbin rechts abbiegen. Den kleinen Abzweig zur Rügener Spezialitätenmanufaktur Baldereck erkennt man an den gelben Gummistiefeln und am Fahrrad.
Der Hof von Familie Sorge ist einladend-gemütlich, mit kleiner Unterstellmöglichkeit zum Sitzen bei Regen. Manufaktur und Verkaufsraum sind winzig.
Im Holzbackofen entstehen Brot und Kuchen. Die Sorges produzieren auch Bio-Nudeln (darunter Exotisches wie Schoko-, Lavendel- und Bärlauchnudeln) und Fruchtaufstriche in abenteuerlichen Kombinationen. Zuschauer sind immer willkommen.
Kinder dürfen sich auf dem ganzen Hof frei bewegen, Kaninchen und Hund streicheln.

Familie Sorge
18551 Lohme/Baldereck
Telefon 038302/53448

www.ruegener-
spezialitaeten-manufaktur.de

Alle Altersgruppen

Öffnungszeiten
März bis Oktober
täglich 10 bis 18 Uhr
November bis März
Do bis Sa 10 bis 17 Uhr
Januar bis Mitte Februar
geschlossen

Aufenthaltsdauer 1 Stunde

Parken kostenlos vor dem Hof

Hofladen mit Naturprodukten

Kaffee, Säfte

Toilette

Wickelmöglichkeit: im Freien

Für Kinderwagen geeignet

Gummanz
Kreidemuseum

Gummanz 3a
18551 Sargard
Telefon 038302/56229

www.kreidemuseum.de

Ab 4 Jahre

Öffnungszeiten
November bis Ostern
Di bis So 10 bis 16 Uhr
Ostern bis 31. Oktober
täglich 10 bis 17 Uhr

Eintrittspreise
Erwachsene 4,50 €
Kinder (7 bis 15 J.) 2,50 €
Familienkarte 9,50 €
Gruppen
ab 10 Personen pro Person 2 €

Aufenthaltsdauer 1 bis 2 Stunden

Parken kostenlos
vor dem Museum

Museumsshop:
Muschelabdrücke, Donnerkeile und
andere echte Versteinerungen

Toilette

Für Kinderwagen geeignet

Exkursionen in den Tagebau
Promoisel am Sa
(14-tägig von April bis Mitte
Oktober) nur auf Anmeldung

Gleich hinter dem sogenannten Kleinen Königsstuhl ist heute das Kreidemuseum untergebracht. Bis 1962 wurde hier noch das weiße Gold der Insel gewonnen. Kreideabbau war damals äußerst harte Arbeit mit Hacken und Spaten. Die aufgeschlämmte nasse Kreide wurde nur mit Muskelkraft ein- und ausgeladen. Filme und alte Tonbänder vermitteln ein anschauliches Bild davon. Ein Modell zeigt einen kompletten Kreidebruch, wie er auf Rügen seit 1837 in Betrieb war – mit Loren für den Transport und Schlämmbecken.

Man erfährt viel über die Geologie der Insel und sieht wunderschöne Versteinerungen urtümlicher Tiere. Auch der Rundgang durch den früheren Kreidebruch, der heute unter Naturschutz steht, ist sehr aufschlussreich. Original-Gerätschaften gewähren einen Einblick in die Abläufe im Kreidewerk.
Auf dem Hof lädt eine kleine fossile Buddelkiste zum Suchen ein. Auf Anmeldung sind auch Fossilien-Exkursionen in den Kreide-Tagebau Promoisel möglich. Dort kann jeder mit seinem mitgebrachten Hammer verschiedene Muscheln, Donnerkeile oder Seeigelstacheln aus ihrer millionen Jahre alten Kreideverpackung herausklopfen.

DU STEHST BEI MIR IN DER KREIDE!

Bobbin
Dinosaurierland

Entlang eines rund 1,5 km langen Rundweges mit Wald- und Wiesenabschnitten tummeln sich die Saurier. Etwa 120 an der Zahl, sind die urzeitlichen Bewohner unserer Erde in Lebensgröße abgebildet. Tafeln informieren über Namen und

Am Spyker See 2A
18551 Spyker
Telefon 038302 / 719874

www.dinosaurierland-ruegen.de

Ab 4 Jahre

Öffnungszeiten
März und November
10 bis 15 Uhr, Fr geschlossen
April, Mai und
September, Oktober
10 bis 17 Uhr
Juni bis August
10 bis 18 Uhr

Eintrittspreise
Erwachsene 8,50 €
Kinder (4 bis 12 J.) 6,50 €
Keine EC-Kartenzahlungen

Aufenthaltsdauer ab 1 Stunde

Parken kostenlos

Bistro

Toilette

Für Kinderwagen geeignet

Vorkommen aus der Epoche vor 400 Millionen Jahren bis zur letzten Eiszeit. Größte der Ur-Exen ist der 12 m hohe Diplodocus, aber auch neben dem Brachiosaurier oder dem fleischfressenden Tyrannosaurus Rex fühlt man sich als Besucher recht winzig.

Am Ende des Rundganges können Kinder in einem Ausgrabungssandkasten ein Dinoskelett freilegen, schaukeln, wippen oder eigene fossile Abdrücke in Gips gießen. Außerdem dürfen sie sich im Steinzeitdorf im Bogenschießen und Messerwerfen üben.

SIE SIND AUSGESTORBEN - WIRKLICH!

Lohme
Steine-Sammeln und Steinmüller

Steinmüller Steinmanufaktur
Zum Hafen 6
18551 Lohme
Telefon 038302 / 90109 oder
0176/82993300

www.ruegensteine.de

Ab Wander- und Sammelalter

Öffnungszeiten
Ostern bis Oktober
Mo bis Sa 13 bis 17 Uhr
So kreative Pause

Aufenthaltsdauer
½ Stunde im Laden

Parken im Ort
(etwa 5 Gehminuten zum Hafen)

Für Kinderwagen nicht geeignet

Das idyllische Fischerdorf bietet einen wunderbaren Ausgangspunkt für größere und kleine Wanderungen durch den Nationalpark Jasmund oder entlang der Steilküste, vorbei am Schwanenstein. Dieser Granitblock stellt einen der größten Findlinge Rügens dar. Der Strand ist aber auch voller Fundstücke in handlicher Größe.

Die kann man übrigens mit zum Steinmüller nehmen. Der hat einen kleinen, aber geradezu steinreichen Laden. Eine wahre Fundgrube voller Kiesel, Bernsteine, Seeglas und Fossilien; naturbelassen, geschliffen oder poliert, zerschnitten und mit Lederband wieder zusammengebunden, mit Loch oder Einschlüssen – vom filigranen Schmuckstück bis hin zu richtig schweren Klamotten. Wer möchte, kann sein eigenes Fundstück von Peter Müller zu einem Unikat verarbeiten lassen oder sich hier seine Reisemitbringsel aussuchen.

GOTT IST OKAY!
ABER HUHN?

EIN HUHNERGOTT!

Putgarten
Archäo Tour & Steinzeit-Workshop

W er schon immer mal eine Reise zurück in die Steinzeit machen wollte, ist bei einem Workshop mit Katrin Staude genau richtig. Hier lernen kleine und große Forscher, wie man mit Zunderschwamm und Diestelwolle Feuer in freier Natur macht und aus Feuerstein sein eigenes Werkzeug herstellt.

Alternativ bietet die Archäologin Führungen an spannende Ort aus grauer Vorzeit. Rügen zählt zu den Gegenden mit besonders vielen Großsteingräbern. Und so gehören Geschichten um den Totenkult der Steinzeitmenschen genauso zur Tour wie Spannendes zu Schlucklöchern, Burgwällen aus der Slawenzeit und Säbelzahntigern.

Goor 4
18556 Putgarten (Ortsteil Goor)
Telefon 0157/72731751

www.archaeo-tour-ruegen.de

Ab 5 Jahre

Termine auf der Webseite und
nach Vereinbarung

Preise je nach Angebot

Aufenthaltsdauer
ab einem halben Tag
(3 bis 8 Stunden)

Tipp:
auch als Kindergeburtstag und
für Schulklassen zu buchen

WARUM MACHST DU MIR FEUER UNTERM HINTERN?

DAMIT DU UNS ENDLICH EINEN MAMMUT FÄNGST!

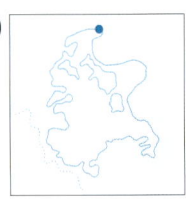

Kap Arkona
Rügenhof und Leuchttürme

Dorfstraße 22
18556 Putgarten
Telefon 038391/4190

www.kap-arkona.de

Alle Altersgruppen

Öffnungszeiten
Ostern bis 31.Oktober
10 bis 18 Uhr
November bis Ostern
11 bis 16 Uhr

Eintrittspreise
neuer Turm
pro Person 3 €

Schinkelturm
ganzjährig geöffnet
Erwachsene 2 €
Ermäßigt 1,50 €
Familie 5,50 €

Peilturm
Erwachsene 2 €
Ermäßigt 1,50 €
Familie 5,50 €

Marineführungsbunker/
Kunstbunker
pro Person 5 €

Nebelsignalstation
pro Person 1 €

Aufenthaltsdauer
mind. 2 Stunden für alle Türme

Parken kostenpflichtig am Ortseingang von Putgarten

Weiterfahrt per Arkona-Bahn

Vom Parkplatz bis zu den Leuchttürmen sind es etwa 2 Kilometer. Wer nicht laufen mag, kann die Arkona-Bahn (Erwachsene 2 €, Kinder 0,50 € pro Strecke) nehmen. Unterwegs kommt man am Rügenhof vorbei. In dem alten Gut gibt es rügentypische Produkte, oft aus eigener Herstellung.

Meist kann man auch verschiedenen Kunsthandwerkern über die Schulter schauen: einem Korbflechter, einer Töpferin oder einer Näherin.
Das nördlichste Kap Deutschlands ist umgeben von gefährlichen Untiefen. Daher wurden hier einst gleich zwei Leuchttürme gebaut. Das ältere Leuchtfeuer, eines der frühesten an der Ostsee, ist nach Entwürfen von Karl Friedrich Schinkel 1827 fertig gestellt worden. Das jüngere, ein 35 m hoher Ziegelbau, schickt sein Licht seit 1902 und bis zu 22 Seemeilen weit über das Meer. Auf beide Türme kann man hinaufsteigen und eine einmalige Aussicht genießen.

SCHON WIEDER TÜRME!

*Souvenirshop im
Leuchtturmwärterhaus*

*Arkona-Imbiss und
Gaststätte „Arcun"*

Toilette

*Für Kinderwagen nur bei den
Leuchttürmen geeignet*

Im etwas abseits stehenden Peilturm sind wechselnde
Ausstellungen zu sehen.
Im Sommer wird im Leuchtturmwärtergarten auf einer
Freilichtbühne Theater gespielt. Im Repertoire des
Theaters am Kap sind auch Stücke für Kinder, die im
Rügenhof aufgeführt werden.

WIE
FINDEST
DU
MICH?

ICH BIN
EIN DICKER!

Gingst *Kerzenträume*

Tino Tittel
Mühlenstraße 50
18569 Gingst
Telefon 038305/53627

Ab 4 Jahre

Öffnungszeiten
Mo bis Fr 10 bis 18 Uhr
Sa 10 bis 14 Uhr

Juli, August
zusätzlich Sa 10 bis 17 Uhr
und nach Vereinbarung

Preise
Kerzenpaar ca. 3 €
1 Wachshand 3 €

Aufenthaltsdauer
1 bis 1 ½ Stunden

Parken kostenlos
gegenüber der Werkstatt

Kerzenshop und
maritime Geschenke

Toilette

Für Kinderwagen geeignet,
aber sehr eng

Kerzenziehen erfordert Geduld, ruhiges Hantieren und etwas Phantasie. Erstaunlicherweise kommen aber auch unruhige Geister mit dem bunten warmen Wachs und den langen Dochten gut zurecht und üben Gelassenheit. Denn nur Wachsschicht um Wachsschicht erhält die Kerze ihre Form. Nach jedem Tauchgang muss das Material trocknen. Diese kleine Pause schafft Gelegenheit, bei den anderen Kerzenziehern zuzuschauen und deren Geschick zu kommentieren. Die Werkstatt funktioniert gleichzeitig als Verkaufsraum. Alles befindet sich in einem hundert Jahre alten Gebäude mit kleinen Räumen und niedrigen Decken.

Das Haus steht in einer Seitenstraße nahe dem Markt. Der Versuchung, die Kinder allein werkeln zu lassen, um sich selbst den Ort anzusehen, sollte man allerdings widerstehen. Natürlich betreut Tino Tittel jeden kleinen Gast gern intensiver. Doch die meisten Kinder werden unter der Obhut der Eltern kreativer und sicherer arbeiten. Die Chance, dies zu erleben, sollte sich niemand entgehen lassen. Am Ende besitzt jeder ein paar selbst gefertigte Kerzen als schöne Urlaubserinnerung.

G ingst befindet sich im Westteil der Insel Rügen. Rechter Hand am Ortseingang stehen die Historischen Handwerkerstuben. Die alten Gebäude haben mehr als zweihundert Jahre auf dem strohgedeckten Buckel.

Die in ihnen untergebrachte Ausstellung ist mehr als nur eine liebevoll zusammengestellte Sammlung landwirtschaftlicher Haushaltsgeräte oder alter Spielsachen. Die Museumsmitarbeiter erklären nämlich in netten Geschichten, was es mit den Dingen auf sich hat. Und so klingt es dann schon mal aus einer kleinen Stube heraus „Oh wie klappert das / in mein Butterfass", während im hölzernen Fass rhythmisch polternd die imaginäre Butter gerührt wird.

Staunende Kinderaugen über alte Kinderlieder und ihren geschichtlichen Hintergrund sind der Lohn. Unter alten Bäumen laden schöne Gartenmöbel zum Verweilen ein, selbst gebackener Kuchen wird angeboten. Sollte es regnen, sitzt man sehr gemütlich in der alten Scheune an der Rückseite des Museums.

Karl-Marx-Straße 19/20
18569 Gingst
Telefon 038305/304

www.historische-
handwerkerstuben-gingst.de

Ab 4 Jahre

Öffnungszeiten
Juni bis August
täglich 10 bis 17 Uhr
April, Mai, September
Mo bis Sa 10 bis 17 Uhr
Oktober bis März
nur nach Voranmeldung

Eintrittspreise
Erwachsene 3 €
Kinder (ab 7 J.) 2,50 €
Familienkarte 7,50 €

Aufenthaltsdauer 2 Stunden

Parken kostenlos am Haus

Café & Laden

Toilette

Für Kinderwagen geeignet

Mühlenstraße 22b
18569 Gingst
Telefon 038305/55055

www.ruegenpark.de

Ab 2 Jahre

Öffnungszeiten
Ostern bis Juni
Di bis So 10 bis 18 Uhr
Juli und August
täglich 10 bis 19 Uhr
September und Oktober
Di bis So 10 bis 17 Uhr

Eintrittspreise
Erwachsene (ab 12 J.) 9,40 €
Kinder nach Größe
2 bis 7,40 €
ab 5 Personen 1 frei

Familiensamstag
1 Kind pro Vollzahler frei

Aufenthaltsdauer ab 2 Stunden
bis ½ Tag

Großer, kostenloser Parkplatz
direkt neben dem Park

An den gewundenen Wegen des 400 qm großen Parks warten mittlerweile mehr als 100 Miniaturnachbildungen berühmter Gebäude auf die Besucher – von Schloss Neuschwanstein über das Kolosseum in Rom bis zur Chinesischen Mauer. Sogar die 7 antiken Weltwunder, wie den Koloss von Rhodos, oder auch die „Titanic" kann man hier wieder bewundern.
Alle Modelle sind im Maßstab 1:25 gebaut.
Wem der Weg zu Fuß zu lang wird, kann auf die

Parkbahn namens Emma umsteigen. Sie fährt bis zur Miniaturausgabe der Insel Rügen am Ende des Geländes, wo auch das Bistro für den Hunger zwischendurch liegt.

Am beliebtesten bei den Kindern aber sind die zahlreichen Fun- und Fahrattraktionen: Kinderachterbahn, „Pferdereitbahn", Riesenrutsche, Wildwasserkarussell, Jetscooter, Schaukeln, Streichelzoo und Seilbahn. Alles (bis auf ein paar Münzgeräte) ist im Eintrittspreis enthalten.

Souvenirshop neben der Kasse

SB-Restaurant auf dem Gelände

Toilette

Für Kinderwagen geeignet:
breite befestigte Wege

Lieschow *Bauer Lange*

Hof Nr. 37
18569 Lieschow
Telefon 038305/55117

www.bauerlange.de

Ab 3 Jahre

Öffnungszeiten der Scheune
April, September, Oktober
9 bis 18 Uhr
Mai bis August
9 bis 22 Uhr
November bis März geschlossen

Eintritt frei

Aufenthaltsdauer ca. 2 Stunden

Kostenloser Parkplatz
vor dem Hof

Hofladen mit regionalen Pro-
dukten

Restaurant in der Erlebnisscheune

Toilette

Wickeltisch

Für Kinderwagen geeignet

Landwirtschaft:
Raps, Getreide, Spargel,
Kartoffeln, Schweinezucht

Einmalig in Deutschland:
Dumperfahrschule

Bei Bauer Lange ist die Sau los – denn hier leben Rosi, die größte Sau von Rügen, und unzählige weitere Rüsseltiere. Sie alle flitzen je nach Alter putzmunter zwischen Stall und Freigehege herum. Bei Bauer Lange kann man den wohl aufregendsten Beruf kennen lernen und „Junior-Bauer" werden. Dazu muss man Rosi füttern, Traktor fahren, Brot backen,

Buttern und Rapsöl pressen. Dann gibt es das Diplom! In Rosis und Rudis Salon werden Feste gefeiert, im Scheunenrestaurant isst man Leckeres aus der Hofküche! Im Frühjahr wird hier der nördlichste Spargel Deutschlands gestochen. Freitags und Samstags gibt es Bierhahn und Spanferkel aus dem Steinbackofen! Und wer nicht mehr weg will, mietet sich eine Ferienwohnung!

Mursewiek *Bauer Kliewe*

Familienurlaub MV
Geprüfte Qualität

I dyllisch gelegen kurz vor der kleinen Halbinsel Ummanz im Westteil von Rügen, bietet diese Oase mehr als nur Frisches vom Bauernhof.
Auf der B 96 biegt man in Samtens links ab und folgt ab Gingst der Ausschilderung.
Der landwirtschaftliche Betrieb befindet sich seit 1840 in Familienbesitz.

OT Mursewiek 1
18569 Ummanz
Telefon 038305/8130

www.bauernhof-kliewe.de

Ab 3 Jahre

Öffnungszeiten
ganzjährig Mo bis Sa ab 9 Uhr
So und Feiertage ab 11 Uhr

Eintritt frei

Aufenthaltsdauer 2 Stunden

Kostenloser großer Parkplatz
vor dem Hof

Heute bewirtschaftet Holger Kliewe den Hof und ist auf Geflügel spezialisiert.
Kinder fühlen sich von der Atmosphäre, alles entdecken zu dürfen, schnell angezogen. Auf dem Hof stehen Kettcars, die sofort ausprobiert werden können.
Ein Spielplatz lädt zum Klettern ein. Hühner und Kaninchen, Zwergziegen sowie Küken aus der Hof-brüterei begeistern die kleinen Besucher.
Ponys stehen zum Reiten bereit. Die Eltern können derweil im Hofladen stöbern, in dem allerlei Hausge-machtes offeriert wird, und sehr schön im Bauern-hofcafé speisen.
Der besondere Clou: Vom Restaurant schaut man durch eine Glasscheibe direkt ins Streichelgehege.
Selbst einen Traum wie Traktorfahren können sich hier schon die Kinder erfüllen.
Wer möchte, kann auf dem Bauernhof (in 4- und 5-Sterne-Ferienwohnungen) mit Blick aufs Wasser übernachten.

Großer Hofladen

Gaststätte

Toilette

Wickelmöglichkeit

Für Kinderwagen geeignet

Hiddensee

Insel-Information
Gemeinde Hiddensee
Norderende 162
18565 Vitte
Telefon 038300/642-0
oder 038300/6422-6

www.seebad-hiddensee.de

Auf der Homepage im Sommer
auch jede Menge Veranstaltungen
für Kinder

D ie Insel Hiddensee ist ein Naturparadies. Mit guten Schuhen ausgerüstet, die Wetterjacke im Gepäck und auch das Handtuch nicht vergessen, kann man hier mehr als einen wunderschönen Tag verbringen. Fern von Autolärm und Hektik, dem Meer sehr nahe, zwischen Ginsterbüschen und Heidekrautwiesen gibt es vier kleine Orte, jede Menge unterschiedlicher Gastronomie, Galerien, Ausstellungen, Wandermöglichkeiten.

Vom windumtosten Westufer in die knisternde Trockenheit des Dornbuschs ist es nur ein kurzer Weg. Der enge Wechsel von Steilküste zum sanften Hügelland ist rasch zu erleben.

Außer per pedes bewegt man sich auf der (fast) autofreien Insel mit Fahrrad oder Kutsche vorwärts. Jede Variante hat ihren besonderen Reiz.

Leuchtturm Dornbusch

Der weit auf die See strahlende Leuchtturm steht auf einem 72 m hohen Hügel des Dornbuschs. Daher hat dieses wichtige Seezeichen seinen Namen. Der Turm selbst ragt 27 m in den Himmel. Er wurde 1887 als Klinkerbau errichtet und musste 30 Jahre später zur

Stabilisierung einen Stahlbetonmantel erhalten. Noch ein paar Fakten – 102 Stufen führen auf die Aussichtsplattform, das weiße Licht ist auf der Ostsee noch in 45 Kilometer Entfernung auszumachen.

Ab 4 Jahre
(viele steile Treppenstufen)

Öffnungszeiten
Mai bis Oktober
10.30 bis 16 Uhr

Eintrittspreise
Erwachsene 3 €
mit Kurkarte 2 €
Kinder bis 14 J. 2 €
mit Kurkarte 1 €

Aufenthaltsdauer ½ Stunde

102 STUFEN SCHAFFEN WIR NICHT!

WER BIS SEITE 89 KOMMT, SCHAFFT AUCH DAS!

Kloster
Gerhart-Hauptmann-Haus

Kirchweg 13
18565 Kloster
Telefon 038300/397

www.seebad-hiddensee.de
www.hauptmannhaus.de

Ab 5 Jahre

Öffnungszeiten
Mai bis Oktober
Mo bis Sa 10 bis 17 Uhr
So 13 bis 17 Uhr
März, April, November
siehe Internet

Eintrittspreise
Erwachsene 6 €
Kinder (ab 10 J.) 4 €
Studenten/Behinderte 4 €
Familienkarte
(2 Erwachsene + Kinder) 19 €

Aufenthaltsdauer bis 1 Stunde

Behinderten-Toiletten

Für Kinderwagen weniger geeignet

Es ist das Sommerhaus des Dichters Gerhart Hauptmann auf der Insel und so erhalten, als wären die Hauptmanns nur mal kurz verreist. Auf der einen Seite des Gebäudes liegt die Bibliothek, wo der Nobelpreisträger arbeitete. Durch einen langen Gang gelangt man ins Wohnhaus. Zu besichtigen sind weiterhin ein umfangreicher Weinkeller, das Esszimmer und die Schlafzimmer im Obergeschoss.
Im Sommer gibt es jeden Donnerstag eine spezielle Kinderführung (Begleitperson notwendig).
Auch Kinderkonzerte und ein Literaturwettbewerb für die Jüngsten sorgen für reichlich Zulauf. Mitte August folgt die Preisverleihung mit Lesung für die besten eingereichten Texte (bis 15 Jahre).

HAUPTMANN VON HIDDENSEE!

HAUPTMANN VON KÖPENICK!

as Heimatmuseum hat man in der ehemaligen Seenotrettungsstation untergebracht, einem originellen Gebäude mit wunderschönem Blick übers Wasser. Die Ausstellung ist durchaus auch für kleine Besucher konzipiert. Auf Augenhöhe der Kinder befinden sich Diarahmen, oben dürfen die Eltern die Erklärung dazu (vor-)lesen. Zudem gibt es Seegras, Blasentang und verschiedene Muscheln zum Anfassen sowie Hörbeiträge für alle Altersgruppen.
Im Obergeschoss wird Interessantes zur Inselgeschichte und über das Leben auf Hiddensee vor mehr als 100 Jahren präsentiert.

Für Kinder werden während der Saison sogar spezielle Führungen (30 min) angeboten; und auch die wöchentliche Knotenschule (60 min) ist bei kleinen Landratten äußerst beliebt.

Kirchweg 1
18565 Kloster
Telefon 038300/363

www.seebad-hiddensee.de
www.heimatmuseum-hiddensee.de

Ab 5 Jahre

Öffnungszeiten
April bis Oktober
täglich 10 bis 16 Uhr

Eintrittspreise
Erwachsene 3,50 €
Kinder (ab 12 J.) 2 €
Familienkarte
(2 Erwachsene und
Kinder ab 12 J.) 9 €

Aufenthaltsdauer bis 1 Stunde

Je einmal wöchentlich in den
Ferien (außer Winterferien)
Kinderführung

Für Kinderwagen geeignet,
Obergeschoss nur über Treppe

Toiletten

KLEINE KNOTENSCHULE!

Vitte
Seebühne und „Homunkulus" *Figurensammlung*

Seebühne Hiddensee
Wallweg 22
18565 Vitte
Telefon 038300/60593

www.hiddenseebuehne.de

Ab 3 Jahre

Spielzeit
Ostern bis September

Auf der Seebühne Hiddensee spielen Marionetten die Erste Geige. Von der „Grille", die schon die Jüngsten ab 3 Jahren bezirzt, bis zu „Faust", der für ein Publikum ab 10 aufwärts gedacht ist. Karl Huck erweckt sie alle zum Leben, legt über jede Vorstellung eine ganz eigene Atmosphäre. In der Figurensammlung „Homunkulus" wohnen die Darsteller vergangener Aufführungen, ein paar Hundert an der Zahl. Da sind Pinocchio und der einbeinige John Silver aus der „Schatzinsel", Schnecke, Käfer und hässliches Entlein. Alle umgeben von den Kulissen, die ihr Spiel einst so lebendig machten: Reisekoffer und Weltenkugel, Piratenschiff und Grimm'sches Märchenzubehör. Idealer Platz, um die Phantasie von der Leine zu lassen.

Seit 1990 gehört die Insel Hiddensee zum Nationalpark Vorpommersche Boddenlandschaft. Im reetgedeckten nördlichsten Gebäude von Vitte, das sich hinter der Düne duckt, eröffnete man 1998 das „Nationalparkhaus". Eine ständige Ausstellung erklärt Erwachsenen und Kindern gleichermaßen anschaulich die schützenswerte Landschaft, die Pflanzenwelt, die Tiere. Die Natur verändert sich, unaufhaltsam wirken Wind und Wellen. Fragespiele und Bastelmöglichkeiten wollen Verständnis für die empfindliche Umwelt wecken. Geführte Wanderungen zum Alten Bessin, zum Dornbusch oder durch die Dünenheide können hier gebucht werden.

18565 Vitte
Norderende 2
Telefon 038300/68041

www.nationalpark-
vorpommersche-
boddenlandschaft.de

Ab 4 Jahre

Öffnungszeiten
Januar bis März
13 bis 16 Uhr
April bis Oktober
10 bis 16 Uhr
November bis Dezember
10 bis 15 Uhr

Eintritt frei

Aufenthaltsdauer ½ Stunde

Souvenirshop

Toilette

Wickelmöglichkeit: Wickeltisch

Für Kinderwagen geeignet

DU HAST DOCH NICHT ETWA?

NA HÖR MAL!

Bernsteinwerkstatt Vitte
Norderende 142
18565 Vitte
Telefon 038300/60730

www.bernsteinwerkstatt-vitte.de

Ab 6 Jahre

Öffnungszeiten
April bis Oktober
Mo bis Sa 10 bis 13 und
14.30 bis 18 Uhr
sowie im Dezember nach
Vereinbarung

Di und Do 15 bis 17 Uhr
Bernsteinschleifen

Preise
Kursgebühr 5 €
plus Bernstein (je nach Gewicht)

Aufenthaltsdauer
Schleifen 1 Stunde

Souvenirs im Atelier

Eine spannende Alternative zum Baden ist die Bernsteinsuche am Strand. Der hier gefundene Bernstein ist baltischer Herkunft und geht auf Nadelbäume zurück, die vor etwa 50 Millionen Jahren harzten. Das Harz trocknete, wurde fest und verwandelte sich unter dem Druck der sich darüber lagernden Schichten und durch Wasserentzug zu Bernstein. Der versteckt sich meist im Tang zwischen den Muscheln und Kieseln am Spülsaum. Besonders im Frühjahr und Spätsommer lohnt sich nach einer Sturmnacht die Bernsteinjagd. Fündig werden allerdings meist nur ausdauernde Sucher.
In dem winzigen Atelier von Ingolf Engels lernen Kinder und Erwachsene, wie man die Fundstücke

oder gekaufte Rohlinge in einzigartigen Schmuck verwandelt. Wichtig ist ein gutes Fingerspitzengefühl für den zerbrechlichen Stein. Alles andere erklärt der Meister.

KOMMEN ALLE STEINE AUS BERN?

NUR DIE GELBEN!

Spielplätze auf Rügen

Die öffentlichen Spielplätze auf der Insel wurden in erster Linie für die Rüganer selbst errichtet. Darum liegen sie oft in den Wohngebieten der einzelnen Orte.

Dennoch haben wir sie hier aufgezählt, denn manch ein Kind liebt die gewohnten Klettergeräte – und den Eltern kann die nebenstehende Liste helfen, entspannte Ferientage zu gestalten.

Alt Reddewitz
Am Wasser

Baabe
im Kurpark
vor dem Gemeindeamt

Bergen
im Stadtteil Rotensee
am Rugard

Binz
am Schmachtersee
im Kurpark

Breege
im Kurpark
im Fischerweg

Dranske in der Seestraße

Glowe
Hauptstraße am
Parkplatz Ostseeperle
bei der neuen Feuerwehr
in der Dünenresidenz

Göhren
Bernsteinpromenade

Middelhagen Gutshof

Putbus
Gerhart-Hauptmann-Straße

Sassnitz
in der Buggenhagener Straße
in der Mukraner Straße
in der Klaipedaer Straße
im EKZ Rügen Galerie
im Quellweg
im Lanckener Ring
auf dem Drachenberg

Thiessow
hinter dem Haus Mönchgut

ZUM SPIELEN BRAUCHT MAN PLATZ! NICHT LOSLASSEN!

Altensien
Reiterhof Schmook
Telefon 038303/87939

Altkamp
Reit- und Fahrverein
www.pferdehof-altkamp.de
Telefon 038301/61730

Bergen
Reitbetrieb Angelika Pisch
www.westernreiten-ruegen.de
Telefon 03838/315928
oder 0172/8834456

Binz
Pferdehof Ostseebad Binz
Granitz Hof 6
18609 Binz
Telefon 0175/5544113

Boldevitz
Reittouristik H. Thomsen
www.reitspass-ruegen.de
Telefon 03838/313608

Glowe
Wittower-Heide-Hof
Telefon 038302/53466

Grabitz
Gut Grabitz
www.gut-grabitz.de
Telefon 038306/21274

Groß Stubben
Reiterhof Krimmling
www.reiturlaub-auf-ruegen.de
Telefon 038307/262

Neddesitz
N & H.Peuss-Gubert
www.reiterhof-peuss.de
Telefon 038302/2688

Rambin
Rainbow Jumpers
www.reiten-ruegen.de
Telefon 03831/297195

Die ländliche Umgebung lädt geradezu ein, sich auf einen Pferderücken zu schwingen. Das kann auf einem Reitplatz erfolgen oder bei einem gemeinsamen, geführten Ausritt. Kinder freuen sich zumeist aber auch schon über eine Runde auf einem kleinen Pony. Die Reiterhöfe auf Rügen sind sehr unterschiedlich ausgestattet. Essen und Trinken werden oft nicht angeboten, es sei denn, man besucht ein Gut oder einen Bauern. Bauer Lange und Bauer Kliewe werden an anderer Stelle beschrieben, auch die Rainbow Jumpers, die sich ausschließlich auf Kinderurlaub mit Pferden spezialisiert haben.

Die Liste der Reiterhöfe kann nur eine Orientierung geben. (Aber diese Zusammenstellung sagt nichts über den Spaßfaktor, der entsteht, wenn man das Tier mag und der Trainerin oder dem Trainer vertraut.)

Ranzow
Pferdehof Ranzow
www.pferdehof-koenigsstuhl.de
Telefon 038302/2788

Rappin
Ponyhof Rügen
www.ponyhof-ruegen.de
Telefon 03838/31242

Sassnitz
Landpension Reuter
www.landpension-dubnitz.de
Telefon 0383892/6910

Sehlen
Reitanlage Tegelhof
www.tegelhof-ruegen.de
Telefon 03838/209307

Schwarbe
Reit und Fahrverein Arkona e.V.
www.haus-bela.de
Telefon 038391/12169
oder 038391/344

Starrvitz
Reithof Pätzold
www.reiterhof-paetzold.de
Telefon 038391/8233

Waase
Haflingerzucht Ummanz
www.haflinger-briesemeister.de
Telefon 038305/53456
oder 0172/3015619

Zubzow
Reiterhof Wiktor
www.reiterhof-wiktor.de
Telefon 038309/1357
oder 0162/8740333

Zirmoisel
Reiterhof Waak
www.wanderreiten-auf-ruegen.de
Telefon 0160/90311254

Surfschulen gibt es auf Rügen und Hiddensee zahlreiche. Einige bieten auch Kiten, Segeln oder Katamaranfahren an. Die Wassersporteinrichtungen nutzen die günstigen natürlichen Vorzüge insbesondere der Boddenlandschaft. Schöne Reviere für Anfänger stehen zur Verfügung.

Wer den Umgang mit dem Surfbrett oder dem Kite erst erlernen möchte, darf sich in jeder Surfschule aufgehoben fühlen. Alle haben gute Trainer, besitzen Lizenzen und sind im Fachverband organisiert.

Von kurzen Schnupper-Kursen bis hin zur Rügenumrundung reicht das Angebot der meist sportlich-jungen Lehrer. Auch Kurse für Führerscheine der Sportschifffahrt sind häufig zu erwerben.

Wer keine ausgesprochene Wasserratte ist, sollte einen Tag in einen Anfängerkurs hineinschnuppern.

Mit etwas Übung merkt man schnell: Wasser trägt jedes Alter und jedes Gewicht.

Der Sport schafft gemeinsame Erlebnisse, zum Beispiel bei einem kleinen Segeltörn. Surfkurse für Kinder und Erwachsene werden allerdings getrennt voneinander angeboten. Zuschauern bietet sich meist Gelegenheit für kurzweilige Spaziergänge.

Aber immer schön warm anziehen, denn wenn der Wind richtig pustet, kann es unter Umständen ungemütlich werden.

Altefähr
Sail & Surf
www.info@segelschule-ruegen.de
Telefon 038306/23253

Binz
Sail & Surf
www.segelschule-ruegen.de
Telefon 0176/22785432

Thiessow
Telefon 038308/30360

Baabe
Kiteschule Atlantis
www.casa-atlantis.de
Telefon 038303/95565
0173/2186111

Breege
S & Y MOLA
www.mola.de
Telefon 038391/4320

Dranske
UST-Rügen Wetventures
www.ustruegen.de
Telefon 038391/89898
0171/7573058

Lauterbach
Segelschule wasserferienwelt
www.im-jaich.de
Telefon 038301/8090

Lietzow
Kathrin Stein
Wassersportschule Timpeltu
www.timpeltu.com
Telefon 0173/1513970

Suhrendorf
Surfcenter Rügen-Suhrendorf
Ostseecamp
www.windsurfing-ruegen.de
Telefon 038305/82240

Vitte
Surf & Segel Hiddensee
Kay Petersen
www.surfundsegelhiddensee.de
Telefon 038300/60525
0170/8325285

Wiek
Kitesurfschule Wiek
www.kitesurfschule-wiek.de
Telefon 038391/70086
0172/3522072

Nessy
www.nessys.de
Telefon 038391/70711
0171/6859787

Ab 5 Jahre

Aufenthaltsdauer mind. 1 Stunde

Göhren
Bowlingtreff Göhren
Strandstraße
18586 Göhren
Telefon 038308/91086

Juliusruh
Hotel Aquamaris
Strandresidenz Rügen (Kegeln)
Wittower Straße 4
18556 Juliusruh
Telefon 038391/44405

Neddesitz
Freizeit-Center in der Jasmund
Therme (Kegeln)
Neddesitz auf Rügen
18551 Sagard
Telefon 038302/97700

Putbus
Hotel Koos (Kegeln)
Bahnhofstraße 9
18581 Putbus
Telefon 038301/278

Sagard
Billard-Café (Kegeln)
Hotel-Pension
„Der wilde Schwan"
Neuhof 10
18551 Sagard
Telefon 038302/8030

Samtens
Sporthotel „Störtebeker"
(Bowling)
Bergener Straße 1
18573 Samtens
Telefon 038306/222-0

Sassnitz
Bowlingbar im Stadthafen
Hafenstraße 12 D
18546 Sassnitz
Telefon 038392/66428

Ob als Beschäftigung für einen verregneten Nachmittag oder als abendfüllendes Programm: Bowlen ist nicht nur bei Kindern sehr beliebt. Unterschiedlich große und schwere Bowlingkugeln sorgen für Chancengleichheit. Denn es kommt nicht auf Kraft, sondern aufs richtige Pendeln vor dem Loslassen der Kugel an.

Wenn Ungeübte zugange sind, sollten sich auf einer Bahn nicht mehr als 4 Personen tummeln. Dann hat man die Chance, zwei oder sogar mehr Durchgänge in einer Stunde zu schaffen.
Bowlingschuhe – ohne die man in der Regel keine Bahn betreten darf – kann man in jeder Anlage ausleihen. Selbstverständlich gibt es auch kühle Getränke für durstige Kehlen.

Bowlingcenter Gewerbepark
Gewerbepark 14
18546 Sassnitz
Telefon 038392/32161

Stralsund
American Bowling und Noodles
Heinrich-Heine-Ring 120c
18435 Stralsund
Telefon 03831/383981

D ie menschliche Besiedlung begann auf Rügen
vergleichsweise spät, bedingt durch die letzte
große Eiszeit, die erst vor ca. 10 000 Jahren
zu Ende ging. Dennoch wurde dieser Landstrich
rasch durch Jäger, Sammler und später Ackerbauern
sowie Viehzüchter bewohnt, wie zahllose Hünen- und
Großsteingräber heute noch eindrucksvoll beweisen.
Überall auf der Insel kann man die Kult- und
Begräbnisstätten, die ein Alter zwischen 6000 und
3000 Jahren haben, finden.

www.grosssteingraeber.de

Teilweise sind sie als Baum bestandene Hügel in der
Landschaft auszumachen, wie zum Beispiel das
Hünengrab Dobberworth südlich von Sagard.
Andere Gräber beeindrucken mit ihren großen Findlin-
gen, aus denen sie zusammengefügt wurden. Imponie-
rende Megalithanlagen findet man bei
Lancken-Granitz (Ziegensteine), in Middelhagen
(Herzogsgrab), am Herthasee (Pfenniggrab), in
Nipmerow sowie rund um Putbus.
Informationen zu diesen frühen menschlichen Zeugnis-
sen erhält man in allen touristischen Einrichtungen.

Minigolf am Rugard Bergen
Rugardweg 8
18528 Bergen
Telefon 03838/4049944
www.erlebniswelt-rugard.de/
12 Bahnen
AdventureGolf
in naturnaher Kulisse
April/Mai und
September/Oktober
10 bis 18 Uhr
Juni bis August 10 bis 19 Uhr

Minigolf im Seepark Sellin
Mönchguter Str. 4
18586 Sellin
Telefon 038303/8970
www.ostseebad-sellin.de/
minigolf/
18-Loch-Anlage
moderne Filzbahnen nach skandi-
navischem Vorbild
täglich 8 bis 18 Uhr

Abenteuer Dünengolf Göhren
Nordstrand 4 (nahe der See-
brücke)
Telefon 0172/4129791
www.abenteuergolfnord.de/
AdventureGolf in naturnaher
Kulisse mit Blick auf den Strand
9 Kunstrasenbahnen mit
Sehenswürdigkeiten Rügens
April bis Oktober 10 bis 18 Uhr
Hauptsaison bis 21 Uhr

Minigolf und Swingolf Bakenberg
im Feriendorf Rugana
Nonnewitz 25
18556 Dranske/Bakenberg
Telefon 038391/9140
www.rugana.de/mini-golf/
12-Loch-Anlage
robuste Bahnen aus Metall

Indoor-Variante: „GolfCity"
Seite 27

Minigolf ist ein beliebtes Freizeitvergnügen für
Familien und Freunde – kurzweiliger Sport mit Spaßfaktor und Bewegung. Ziel ist es, den kleinen Ball
mit 6 Schlägen pro Bahn ins jeweilige Loch zu transportieren, um oder über Hindernisse hinweg.
Die Regeln sind einfach, Schläger und Bälle können
ausgeliehen werden und schon starten die familien-
internen Wettkämpfe.

Geheimtipps, Spiele und Ideen für deinen Urlaub

Für kleine Entdecker und Abenteurer

+ Experimente und Spiele
+ Spiel-Ideen am Strand
+ Baderegeln
+ Bastel- und Malvorlagen,
  Näh- und Backanleitungen

+ Entdeckerpass MV
+ Urlaubstipps für Kids
+ Monatsgewinnspiel für eine
  Reise nach Meck-Pomm
+ Nützliche Links für die Großen

spielstrand.de

Mecklenburg Vorpommern
MV tut gut.

Was machen wir morgen, Mama?

Von Cuxhaven bis Bremer-haven & Butjadingen

Erlebnisführer für Kinder und Eltern

HINSTORFF

Was machen wir morgen, Mama?

Östliches Ostfriesland mit Spiekeroog & Langeoog

Erlebnisführer für Kinder und Eltern

HINSTORFF

Was machen wir morgen, Mama?

Friesland mit Wangerooge & Wilhelms-haven

Erlebnisführer für Kinder und Eltern

HINSTORFF

WAS MACHEN WIR ÜBERMORGEN, PAPA?

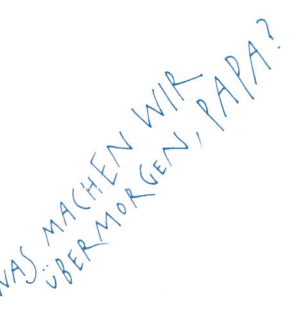

Was machen wir morgen, Mama?

Doberan bis Klützer Winkel, mit Wismar und Schwerin

Erlebnisführer für Kinder und Eltern

HINSTORFF

Was machen wir morgen, Mama?

Fischland-Darß-Zingst bis Rostock

Erlebnisführer für Kinder und Eltern

HINSTORFF

Was machen wir morgen, Mama?

Insel Sylt

Erlebnisführer für Kinder und Eltern

HINSTORFF

Was machen wir morgen, Mama?

Insel Usedom

Erlebnisführer für Kinder und Eltern

HINSTORFF

Das Buch wurde unterstützt durch den
Tourismusverband Mecklenburg-Vorpommern e.V.

Qualitätssiegel für familienfreundliche Beherbergungs-
betriebe, Erlebnispartner, Gastronomiebetriebe und
Tourismusorte; verliehen durch den Tourismusverband-
Mecklenburg-Vorpommern.
Das Qualitätssiegel „Familienurlaub MV – Geprüfte
Qualität" erhalten nur diejenigen Anbieter, die den hohen
Service- und Qualitätsansprüchen gerecht werden.
Mehr Informationen unter www.auf-nach-mv.de/qmf

Bildnachweise
Kirsten Schielke
Birgit Vitense
Harald Larisch
Deutsches Meeresmuseum
Mönchguter Museen Göhren
Töpferei Päplow
Steffi Groß
Waldseilpark Altefähr
Markus Hahn
Siegfried Vitense
Dirk Bahnsen
Peter Hein
Hans-Jürgen Köck
Katrin Kraus
Jens Wüllenweber
Jens Lütcke/Olaf Ziemann

Die Deutsche Nationalbibliothek
verzeichnet diese Publikation in
der Deutschen Nationalbibliographie;
detaillierte bibliographische Daten
sind im Internet über
http//dnb.ddb.de abrufbar.

Alle Rechte vorbehalten.
Reproduktionen, Speicherungen in
Datenverarbeitungsanlagen, Wieder-
gabe auf fotomechanischen,
elektronischen oder ähnlichen Wegen,
Vortrag und Funk – auch auszugs-
weise – nur mit Genehmigung
des Verlages.

Hinstorff Verlag GmbH
© Rostock 2008
Lagerstraße 7
18055 Rostock
Telefon 0381/4969-0
www.hinstorff.de

4., überarbeitete und
aktualisierte Auflage 2017

Herstellung
Hinstorff Verlag GmbH

Konzept und Redaktion
Kirsten Schielke, Birgit Vitense

Redaktionsschluss
30. November 2016

Gestaltungskonzept,
Illustrationen, Satz und Layout
Harald Larisch

Lektorat
Thomas Gallien

Druck und Bindung
Westermann Druck Zwickau GmbH

ISBN 978-3-356-01251-4

MAL SEHEN,
WIE ES
WEITER GEHT ...